Nach Auschwitz

Peter Steinbach

Nach Auschwitz

Die Konfrontation der Deutschen mit der Judenvernichtung

DIETZ

Bibliografische Information der Deutschen Bibliothek

Die Deutsche Bibliothek verzeichnet
diese Publikation in der Deutschen Nationalbibliografie;
detaillierte bibliografische Daten sind im Internet
unter *http://dnb/ddb.de* abrufbar.

ISBN 978-3-8012-0462-4

Verlag J. H. W. Dietz Nachf. GmbH
Dreizehnmorgenweg 24, 53175 Bonn
Umschlaggestaltung: Antje Haack | Lichten, Hamburg
Satz: Kempken DTP-Service | Satztechnik · Druckvorstufe · Layout, Marburg
Druck und Verarbeitung: CPI – Ebner & Spiegel GmbH, Ulm

Printed in Germany 2015

Inhalt

Vorbemerkung

Der Tag des »Gedenkens an die Opfer nationalsozialistischer Gewaltherrschaft« ist Ausgangspunkt dieses Essays, einer Reflexion, die historische Zusammenhänge mit der politischen Gegenwart verbinden will. Der Text ist subjektiv und verzichtet auf Anmerkungen. Er will in den gedenk- und erinnerungspolitischen Debatten unseres frühen 21. Jahrhunderts Position beziehen und dort, wo es angebracht erscheint, eigene geschichtspolitische Erfahrungen spiegeln.

Ich bin davon überzeugt, dass historische Reflexionen nicht klug machen für immer und für alle Zeiten. Wenn Jakob Burckhardt einst seiner Hoffnung Ausdruck verlieh, die Beschäftigung mit der Vergangenheit könne weise machen, hege ich Zweifel. Allerdings könnte das Nachdenken über Geschichte vielleicht bewirken, dass Nachlebende manche der Erfahrungen nicht immer wieder von Grund auf neu machen zu müssen, die ihre Vorfahren belasteten. Und vor allem könnte ein Rückblick auf die Geschichte helfen, unser Verhalten, unser Denken und unsere Maßstäbe an Verhaltensweisen, Ordnungsvorstellungen und Wertmustern auszurichten, die ein friedliches Zusammenleben ermöglichen und der »humanen Orientierung« dienen. Denn es ist nicht zu bestreiten, dass Menschen zu allen Zeiten durch ihre Mitmenschen bedroht wurden und in Gefahr waren. Nachlebende nahmen sich im Anschluss an Epochenbrüche immer wieder vor, ihr Zusammenleben auf neue Grundlagen zu stellen. Tolerant, unaufgeregt, freiheitlich, pluralistisch, vor allem auch friedlich sollte es zugehen.

Dennoch gibt es gegenwärtig erschreckende Fälle von Ausgrenzungen und Abgrenzungen, die wöchentlich für Schlagzeilen sorgen und augenscheinlich vor allem einer emotionalen Mobilisierung dienen. Sie geben Rätsel auf. »Patriotismus«, »Abendland«, »Leitkultur« – diese Begriffe signalisieren eigentlich Gemeinsamkeit und Identität. Heute werden sie benutzt, um Intoleranz zu säen und sich der Köpfe der Menschen zu bemächtigen, und zugleich machen sie deutlich, wie wenig aus der jüngeren Vergangenheit gelernt und begriffen wurde.

Alfred Grosser hat in diesem Zusammenhang vor wenigen Tagen betont, dass es bedenklich sei, wenn Politiker immer nur verbreitete und in der Publizistik verstärkte Argumente und Denkvorstellungen aufgriffen, die die Menschen unserer Zeit angeblich umtreiben und doch meist nur von außen an sie herangetragen wurden. Er hatte die seit einigen Monaten regelmäßig montags stattfindenden Demonstrationen selbst ernannter »patriotischer« Verteidiger des Abendlandes vor einer angeblichen Islamisierung im Blick und hielt dagegen: Es sei nicht die Aufgabe von Menschen, die über die politische Ordnung und das menschliche Zusammenleben nachdenken, Stimmungen und Ängste, Unbehagen und diffuse Gefühle zu spiegeln, sondern »aufzuklären« und zum Nachdenken anzuregen. An anderer Stelle sagte er einmal: »Wir können nur predigen, was wir wollen in unseren Grundwerten, wenn wir sie nicht verletzen. Und jede Verletzung dieser Grundwerte verneint, was ich die schöpferische Erinnerung genannt habe, das heißt eben aus der Erinnerung an das Furchtbare für uns Regeln zu ziehen, wie wir uns verhalten sollen im Namen einer Vergangenheit, die nicht vergehen soll, die da bleiben soll. Und ich möchte sagen, Auschwitz ist die Grundlage dafür, dass man an den anderen denkt.«

Für mich eröffnete der Blick auf die Vergangenheit stets die Chance einer Relativierung von verallgemeinernden Schlagworten, Emotionalisierungen und Deutungen. Geschichte war und ist in meinen Augen deshalb ein Resonanzboden vermeintlicher Herausforderungen der Gegenwart. Durch Parallelisierungen und Analogien lassen sich zuweilen in der Tat aktuelle Probleme präzise erkennen und in ihren Konsequenzen abschätzen, aber auch neu akzentuieren und entdramatisieren. Mein persönliches Bestreben war immer, Geschichte und politische Bildung miteinander zu verbinden. Ich wurde entscheidend durch Versuche geprägt, historische Grundlagen der Politik in das Studium der Politikwissenschaft sowie in die Sozialkunde- und Geschichtslehrerausbildung zu integrieren. Das ist im Laufe der Jahre nicht leichter geworden. Denn der Stellenwert der Geschichte im öffentlichen Leben sinkt. Die Zahl der Unterrichtsstunden, die für die politische Bildung reserviert sind, schrumpft. Kam es früher darauf an, Staatsbürger durch politische Bildung zu befähigen, verantwortlich in ihrem Gemeinwesen zu agieren, so geht es in Schulen und Universitäten heute zunehmend darum, sie auf ihr Berufsleben vorzubereiten. An die Stelle politischer Bildung treten neue Unterrichtsfächer wie »Wirtschaft und Beruf« oder »digitale Grundbildung«, nicht aber das kritische Nachdenken über Politik und Wirtschaft.

Die Kenntnis der Vergangenheit – davon bin ich überzeugt – bleibt auch in Zukunft das Rückgrat jeder politischen Bildung. Denn bei der Bewertung gegenwärtiger Politik geht es immer auch um Politikfolgenbewältigung (Claus Offe). Das eine lässt sich nicht gegen das andere ausspielen. Und beides ist unverzichtbar: Die Fähigkeit, gegenwärtige Interessenkonstellationen und Entscheidungsmotive zu durchschauen, und das Vermögen, aktuelle Entwicklungen historisch zu reflektieren.

1 Vergangenheit – Erinnerung und Reflexion – humane Orientierung

»Die Erinnerung darf nicht enden; sie muss auch künftige Generationen zur Wachsamkeit mahnen. Es ist deshalb wichtig, nun eine Form des Erinnerns zu finden, die in die Zukunft wirkt. Sie soll Trauer über Leid und Verlust ausdrücken, dem Gedenken an die Opfer gewidmet sein und jeder Gefahr der Wiederholung entgegenwirken.«

Mit diesen Worten bestimmte Bundespräsident Roman Herzog am 3.1.1996 den 51. Jahrestag der Befreiung des Konzentrations- und Vernichtungslagers Auschwitz zu einem deutschen Gedenktag von nationaler Bedeutung. Seine Begründung zielte nicht nur auf die Erneuerung einer ethischen beziehungsweise politisch-pädagogischen Debatte, die sich in historisch-politischen Kontroversen wie dem sogenannten Historikerstreit um die Vergleichbarkeit des Völkermords und eine Vergangenheit, die angeblich nicht vergehen dürfe, niederschlug. Roman Herzog ermöglichte so, die politisch-moralische Rückbesinnung auf die Opfer der nationalsozialistischen Gewaltverbrechen, des Krieges und der Kriegsfolgen durch die jährlich wiederkehrende Erinnerung zu perpetuieren. Angesichts der rassenideologisch und nationalistisch legitimierten Übergriffe des NS-Regimes sollten die Deutschen sich immer wieder aufs Neue der Grundfrage stellen, ob sich aus ihrer Vergangenheit für sie Lehren ziehen ließen, um gegen die Wiederholung von Gewalt, Unrecht und Vernichtung gewappnet zu sein.

Ob die Geschichte wirklich Lehrmeisterin des Lebens sein kann, gehört zu den immer wieder gestellten und umstrittenen Fragen. Wer sie bejaht, verbindet damit den Anspruch, dass Gesellschaft und Individuen aus ihrem Fehlverhalten Konsequenzen ziehen und sich bessern können. Doch ist kaum zu bestreiten, dass moralische Appelle und ethische Versicherungen neue Übergriffe von Menschen auf ihre Mitmenschen in der schrecklichsten Form nicht verhindern konnten.

Seit 1945 hat es viele Kriege gegeben, teilweise Bürgerkriege, teilweise Kriege zwischen Staaten, wie jüngst in der Ostukraine, teilweise Terrorattentate und entsetzliche Massaker. Namen wie Srebrenica in Bosnien oder Londonderry in Nordirland, ein Datum wie 9/11, die bestialische Ermordung von politischen Gegnern in den Lagern der argentinischen, chilenischen und brasilianischen Militärs, die vor wenigen Wochen die Weltöffentlichkeit erschreckende Hinrichtung fast einer ganzen Zeitungsredaktion in Paris, Massenvergewaltigungen durch marodierende Kampfverbände im Kongo und im Sudan, in Mali oder Nordnigeria, die kaum Widerhall in unseren Medien fanden, Schreckensmeldungen von öffentlichen Hinrichtungen durch Kämpfer des Islamischen Staates, tägliche Bombenanschläge von fanatisierten Selbstmordattentätern – das alles sind nicht nur Belege für die deprimierende Feststellung von der Endlosigkeit des Schreckens, sondern diese Missetaten konfrontieren uns mit unserer Zeitzeugenschaft. Wir sind unmittelbare Beobachter, Bystander. Was da passierte und passiert ist nicht Geschichte, sondern unsere eigene Gegenwart.

Fast ebenso erschreckend wie die Taten selbst, denen wir passiv, aber dank der Medien in der Regel »optimal« informiert beiwohnen, sind die Reaktionen der Weltöffentlichkeit auf diese politisch motivierten und ideologisch legitimierten Verbrechen – hilflos anmutende Versuche der Selbstberuhigung, die oft besänftigende Wirkung von Interessenabwägungen, die bewusste Verdrängung des Augenscheinlichen und die daraus erwachsende Verhinderung gesellschaftlicher Selbstaufklärung. Man denke nur an den Serienmord des »NSU«, der erst viel zu spät militanten und gewalttätigen Rechtsextremisten zugeschrieben wurde. Vergleicht man einmal die Massenproteste fehlgeleiteter »Europäischer Patrioten« mit den Reaktionen auf die als »Dönermorde« bagatellisieren Tötungen, stellt sich die Frage, wie empörungsfähig eine Gesellschaft wirklich ist, die sich nach dem Pariser Anschlag auf Charlie Hebdo mit den Opfern kollektiv solidarisierte und bewusst das Risiko möglicher Reaktionen einging. Tat man es, weil die Menschen aus den Fehlern der Geschichte gelernt hatten?

Dass die öffentliche Erinnerung an die Ausgrenzung, Verfolgung und Vernichtung von Menschen aus rassenideologischen Gründen die Wahrnehmung und die Verurteilung des nationalsozialistischen Unrechts durch die Nachlebenden schärft, dass es deren moralisches Empfinden beeinflusst und die Befähigung zur Empathie, zur Mitempfindung und zum Mitleiden fördert, war eine der Hoffnungen, mit denen der Gedenktag zur Erinnerung an die Opfer nationalsozialistischer Politik geschaffen und rechtfertigt wurde. Der Wunsch, »Betroffenheit« zu wecken, ist eine hohe Erwartung, die Politiker, Publizisten, Pädagogen, ja ganze Gesellschaften mit Gedenktagen verbinden: Sie laden ein, über grundsätzliche Herausforderungen der modernen Zivilisation und der politischen Entwicklung nachzudenken.

Knapp 20 Jahre vor der Schaffung des 27. Januar als Gedenktag hatte der amerikanische Senat in Erinnerung an den »Holocaust« einen *Day of Remembrance* ausgerufen und mit dem Datum der Befreiung des Konzentrationslagers Dachau durch amerikanische Truppen Ende April 1945 verknüpft. Es gab also ein Vorbild für uns Deutsche. Die drei miteinander verbundenen Konzentrations-, Arbeits- und Vernichtungslager in Auschwitz – Stammlager, Monowitz und Birkenau – waren spätestens seit dem großen Frankfurter Auschwitz-Prozess von 1962 bis 1964 zum Symbol für den verbrecherischen Rassenstaat und den »industriemäßig betriebenen« Völkermord an Juden, Sinti und Roma geworden. Israel hatte seit 1951 einen Tag des Gedenkens, *Jom hasho'a*, der 1959 zum verbindlichen staatlichen Gedenktag erklärt wurde. An jedem 21. April um 10 Uhr ertönen in Israel die

Sirenen, das öffentliche Leben ruht für einige Minuten – am Vorabend werden sechs Fackeln entzündet, ein Symbol für sechs Millionen ermordete europäische Juden.

Im Oktober 2002 schuf der Europarat auf Anregung der europäischen Bildungsminister den Holocaustgedenktag. Damit reagierten europäische Politiker auf antisemitische Ausschreitungen in vielen Ländern der EU. Und 2005, sechzig Jahre nach dem Ende des Zweiten Weltkriegs, beschloss endlich auch die Generalversammlung der Vereinten Nationen, einen Tag der Erinnerung an den Völkermord ins Leben zu rufen. Damit war der letzte Schritt zur Universalisierung der Erinnerung an den systematisch vorbereiteten und zielstrebig verwirklichten Völkermord getan – in der ganzen Fülle seines Grauens, von den Nationalsozialisten angeordnet und schließlich von ihnen zum Kriegsziel erklärt.

Aber im Laufe der Jahrzehnte hatten sich die Erinnerung und die Funktion des Gedenkens verändert: Die nationalsozialistischen Gewaltverbrechen, der Völkermord und die »Endlösung der Judenfrage« werden als *Zivilisationsbruch* empfunden, der nicht nur auf die deutsche Vergangenheit verweist, sondern alle Nationen und Gesellschaften anging und sie moralisch dazu verpflichtete, jede Wiederholung derartiger Verbrechen bereits im Ansatz zu bekämpfen – vor allem durch Bildung, etwa die »Holocaust-Erziehung«, durch öffentliche Bekenntnisse, den »Aufstand der Anständigen«, oder durch juristische und polizeiliche Maßnahmen. Dazu gehört auch, dass es strafbar ist, den Völkermord an den Juden – »Auschwitz« – zu leugnen. Das Verbrechen des Völkermords an den europäischen Juden, an Sinti und Roma, an Behinderten wurde universalisiert.

Im Zuge der Auseinandersetzung mit der NS-Zeit wurden die nationalsozialistischen Gewaltverbrechen seit den sechziger Jahren zunehmend zum Bezugspunkt einer Zivilreligion, die mit einer Beschwörung von Menschenrechten verbunden war. Doch der Widerspruch zwischen Norm und Wirklichkeit – Beteuerung von Menschenrechten hier, gravierende Verletzung dieser Rechte dort – war damit keineswegs gelöst. Im Gegenteil, die Glaubwürdigkeitslücke der realen Politik wurde größer und war schließlich kaum noch erträglich.

Resolution der UN-Vollversammlung

Reaffirming the Universal Declaration of Human Rights,
which proclaims that everyone is entitled to all the rights and freedoms set forth therein, without distinction of any kind, such as race, religion or other status,
Recalling article 3 of the Universal Declaration of Human Rights, which statesthat everyone has the right to life, liberty and security of person,
Recalling also article 18 of the Universal Declaration of Human Rights and article 18 of the International Covenant on Civil and Political Rights, which state that everyone has the right to freedom of thought, conscience and religion,
Bearing in mind that the founding principle of the Charter of the United Nations, »to save succeeding generations from the scourge of war«, is testimony to the indelible link between the United Nations and the unique tragedy of the Second World War,
Recalling the Convention on the Prevention and Punishment of the Crime of Genocide, which was adopted in order to avoid repetition of genocides such as those committed by the Nazi regime,
Recalling also the preamble of the Universal Declaration of Human Rights, which states that disregard and contempt for human rights have resulted in barbarous acts which have outraged the conscience of mankind,

Taking note of the fact that the sixtieth session of the General Assembly is taking place during the sixtieth year of the defeat of the Nazi regime,
Recalling the twenty-eighth special session of the General Assembly, a unique event, held in commemoration of the sixtieth anniversary of the liberation of the Nazi concentration camps,
Honouring the courage and dedication shown by the soldiers who liberated the concentration camps,
Reaffirming that the Holocaust, which resulted in the murder of one third of the Jewish people, along with countless members of other minorities, will forever be a warning to all people of the dangers of hatred, bigotry, racism and prejudice,
Resolves that the United Nations will designate 27 January as an annual International Day of Commemoration in memory of the victims of the Holocaust;
Urges Member States to develop educational programmes that will inculcate future generations with the lessons of the Holocaust in order to help to prevent future acts of genocide, and in this context commends the Task Force for International Cooperation on Holocaust Education, Remembrance and Research;
Rejects any denial of the Holocaust as an historical event, either in full or part;
Commends those States which have actively engaged in preserving those sites that served as Nazi death camps, concentration camps, forced labour camps and prisons during the Holocaust;
Condemns without reserve all manifestations of religious intolerance, incitement, harassment or violence against persons or communities based on ethnic origin or religious belief, wherever they occur;

Requests the Secretary-General to establish a programme of outreach on the subject of the »Holocaust and the United Nations« as well as measures to mobilize civil society for Holocaust remembrance and education, in order to help to prevent future acts of genocide; to report to the General Assembly on the establishment of this programme within six months from the date of the adoption of the present resolution; and to report thereafter on the implementation of the programme at its sixty-third session.

Die UN-Deklaration will mit der Erinnerung an den Völkermord der Zivilisierung des politischen Zusammenlebens dienen. Sie beschwört Maßstäbe, die im Gedenken an die Vergangenheit bekräftigt und als Verpflichtung verstanden werden können. So soll ein ziviles Miteinander von höchst unterschiedlichen Gruppen und in sich differenzierten Gesellschaften ermöglicht werden. Die Maßstäbe der UN-Deklaration wenden sich nicht nur gegen ethnisch oder konfessionell begründete Überheblichkeit, sondern verpflichten alle, die diese Deklaration anerkennen, auf eine humane Orientierung, der universale Geltung zuteilwerden soll. So verbindet der Gedenktag eine kritische Bestandsaufnahme der Gegenwart mit dem Blick auf die Vergangenheit und einer klaren Forderung an die Zukunft: Der verpflichtende Ausruf »Nie wieder!« soll einen nochmaligen Zivilisationsbruch abwehren und eine Wiederholung von Grauen und Unrecht verhindern.

Der verpflichtende Ausruf »Nie wieder!« ist seit 1945 jedoch zu keinem Zeitpunkt erfüllt worden. Ethnische Konflikte waren nicht selten Gegenstand machtpolitischer Instrumentalisierung, Bürgerkriegsparteien wurden von der einen oder anderen Macht unterstützt, weil manch ein Regierender hoffte, so den eigenen »nationalen Interessen« zu dienen. Die Hoffnung, unter dem Eindruck nationalsozialistischer Gewaltverbrechen die Welt und ihre Bewohner zu bessern, trog sehr schnell. Schon am Tage der Befreiung von der NS-Herrschaft existierte in der Sowjetunion ein unüberschaubares Lagersystem, das der sowjetische Schriftsteller und Dissident Alexander Solschenizyn in Anlehnung an Dantes »Göttliche Komödie« als den »ersten Kreis der Hölle« beschrieb.

In den Gefangenenlagern der Siegermächte – in Belgien, in Frankreich, in Jugoslawien oder der Sowjetunion – wurde die Arbeitskraft deutscher Kriegsgefangener ausgebeutet und als Reparationsleistung legitimiert. In den alliierten Internierungslagern saßen aber nicht nur belastete Nationalsozialisten, sondern auch politische Gegner, vielfach in eben denselben Lagerkomplexen, wo bis Frühjahr 1945 die Nationalsozialisten politisch und rassisch Verfolgte gequält hatten. Menschen wurden in deutschen Internierungslagern gefangen gehalten, in die Sowjetunion verschleppt oder mussten, wie in den Waldheimer Strafverfahren, die Urteile einer Willkürjustiz erdulden, die sie aus politischen Gründen in kurzen Verfahren zu langen Haftstrafen verurteilte. Später wurde dieses Unrecht nicht selten gerechtfertigt als eine verständliche Reaktion auf die nationalsozialistische Besatzungsherrschaft. Doch dass Leiden immer individuell ist, dass keine Vergewaltigung durch Auschwitz und keine Verschleppung durch Zwangsarbeit zu rechtfertigen ist, wurde nicht selten verdrängt. Dies stärkte sowohl die Neigung zur Relativierung als auch die Überhöhung von Kriegsverbrechen. Beides erschwert ein *integrales Gedenken*, das alle Opfer und deren ganz persönliche Leiderfahrungen in den Blick nehmen sollte.

Die Beschäftigung mit der deutschen Zeitgeschichte schärfte also vielfach gerade nicht die Bereitschaft, genau hinzusehen und Menschenrechtsverletzungen, die sich vor aller Augen vollzogen, anzuprangern, sondern sie trübte manchmal sogar den Blick durch dramatisierende Vergleiche, die die Wirklichkeit verzerrten, die Vergangenheit relativierten und instrumentalisierten. Dies betraf keineswegs nur die deutsche Gesellschaft. So nahm beispielsweise auch die amerikanische Gesellschaft in der Ära McCarthy politische Verfolgung hin, als der Verdacht, kommunistisch gesinnt zu sein, Entehrung und Entlassung nach sich ziehen konnte. In Südamerika wurden politische Gegner während der siebziger Jahre gnadenlos verfolgt, betäubt aus Flugzeugen über dem Südatlantik gestürzt oder – wie in Brasilien, Chile oder später in Guatemala – zu Tode gefoltert. Andauernd wurden Menschen allein wegen ihrer ethnischen Zughörigkeit, wegen ihres Glaubens, Geschlechts oder ihrer Herkunft verfolgt, und immer öfter war wieder von Völkermord die Rede – etwa im Südsudan, in Zentralafrika, selbst in Australien.

Dabei handelte es sich keineswegs nur um Konflikte in weit entfernten Erdteilen. Die ethnischen Auseinandersetzungen im zerfallenden Jugoslawien ereigneten ebenso vor den Augen der Weltöffentlichkeit wie die mörderischen Auseinandersetzungen im Kongo, in Uganda und Burundi. Die Kriege in Afghanistan und im Irak machten deutlich, dass auch westliche Nationen nicht davor gefeit waren, Folterzentren einzurichten, durch Nachrichten zu manipulieren, Kriegsbereitschaft durch Falschmeldungen zu wecken, Menschen ohne Gerichtsurteil zu inhaftieren, »verschärft« zu verhören und billigend ihren Tod in Kauf zu nehmen. Oft spielten bei Tätern wie den Bevölkerungen, denen sie angehörten, diffuse Ängste vor zukünftigen Ereignissen eine treibende Rolle. Diese Ängste mit politischen Motiven gezielt zu schüren, hatte einen hohen Preis: den Verlust der humanen Orientierung. Man kann den Eindruck gewinnen, dass es sich bei dem Versprechen des »Nie wieder!« um eine Beschwörungsformel handelt, die nur allzu schnell beschwichtigen und jedes kritische Bedenken einnebeln sollte.

2 Erinnerung an die NS-Zeit – Politische Bildung – Politische Kultur

Damit stellt sich die Frage nach der Funktion historischen Gedenkens. Es soll aus der kritischen Betrachtung der Vergangenheit Maximen für das gegenwärtige Verhalten und die Gestaltung der Zukunft liefern. Vielleicht ist das aber auch eine völlig überzogene, nicht einzulösende Erwartung. Handelt es sich bei Gedenk- und Erinnerungsveranstaltungen, so wäre kritisch zu fragen, nur um Pflichtübungen? Unterliegen Gesellschaften gar der Gefahr, konkrete Erinnerungen im abstrakten, nicht selten ritualisierten Gedenken vergehen zu lassen?

Oder kann man doch aus der Geschichte »lernen«, weniger in einem pragmatischen als moralischen Sinne? Was bedeutet das gegenwärtige Versagen angesichts von Menschenrechtsverletzungen, deren unmittelbare Zeugen wir dank der Medien sind, für die Auseinandersetzung mit der Geschichte?

Die Generation der heute Sechzigjährigen verbindet Begriffe wie »Schutzhaft«, Bilder einer KZ-Wärterin, die ihren Schäferhund auf Menschen hetzt, oder »verschärfte Verhöre« mit Ereignissen der NS-Zeit. Jugendliche denken bei diesen Begriffen und Bildern eher an Guantanamo und Abu Ghuraib. Wenn sie sich die Voraussetzungen und Folgen einer willkürlichen Vorbeugehaft vorstellen sollen, denken sie an die erschreckenden, desillusionierenden Verhör- und Foltertechniken der CIA. Waterboarding als eine Methode, Aussagen zu erpressen, wurde erst im jüngsten Untersuchungsbericht des amerikanischen Senats als eine der Foltertechniken vor das Auge gerückt.

Wie kann die historisch-politische Bildung auf diese Veränderungen der Wahrnehmungen reagieren? Genügt es, das »Aussterben der Zeitzeugen« zu beklagen und für die verblassende Erinnerung an die NS-Zeit verantwortlich zu machen? Liegen nicht etwa viele andere Zeugnisse vor, die ebenso authentisch und bewegend sind wie die Berichte von »Zeitzeugen«? Ist es nicht wichtig, den Transfer vergangenen Unrechts in die Gegenwart zu wagen, ohne Furcht vor der drohenden Unterstellung, dadurch einer Relativierung Vorschub zu leisten? Müssen wir nicht darauf achten, dass unsere Maßstäbe stets geschärft bleiben, um die Verletzung von Menschenrechten, Ausgrenzungen, Diffamierungen benennen zu können? Hat nicht Mircea Eliade recht gehabt, als er betonte, erst der Maßstab schaffe die Phänomene?

Erschrocken müssen wir zur Kenntnis nehmen, dass manche der Schreckensbilder der Vergangenheit durch aktuelle Entwicklungen, deren Zeuge wir sind, übertroffen wurden. Die ethnisch motivierten Verbrechen, die in Kroatien, Bosnien und Serbien während des Balkankrieges begangen wurden, erreichten die Öffentlichkeit durch die Berichterstattung der Medien ohne jede zeitliche Verzögerung. Eine Tragödie wie die Ermordung von etwa 8.000 Menschen in Srebrenica spielte sich gleichsam in »Echtzeit« vor den Augen der Zeitgenossen ab. Niemand konnte später behaupten, er habe von den Massenmorden an den zentralafrikanischen Tutsis nichts gewusst, denn teilweise berichteten verzweifelte Reporter unmittelbar vom Ort der Verbrechen. Ethnische Gegensätze führten seitdem immer wieder zu enthemmten Massenverbrechen. Die erbarmungslose Brutalität von Bürgerkriegen tat das ihrige dazu. Auch die Berichte nach den Anschlägen vom 11.9.2001 über Folterzentren in Gefängnissen, die die Amerikaner in Polen, Rumänen und – exterritorial und deshalb nicht dem amerikanischen Strafrecht unterworfen – auf ihrem Militärstützpunkt Guantanamo eingerichtet hatten, verbreiteten eine schockartige Wirkung. Übertroffen wurden diese Schreckensnachrichten noch von den Ergebnissen des kritischen US-Kongressberichtes über die grausamen Verhöre gefangener »Islamisten«, die die Bush-Regierung bei ihrem Auslandsgeheimdienst angeordnet hatte. Dabei waren die

Folterer sogar kreativ. »Rektale Ernährung«, eine besonders erniedrigende Foltermethode der CIA, war neu. Die Verhöre mancher Häftlinge erinnerten an Foltermethoden, denen KZ-Häftlinge ausgesetzt waren – und hatten doch wenig mit ihnen gemein. Jedenfalls wurden die Bilder der Terrorisierung von KZ-Häftlingen inzwischen immer häufiger von anderen Bildern überlagert.

Was bedeuten diese gegenwärtigen Erfahrungen für die selbstkritische Erinnerung, wie wirken sie sich auf die politische Bedeutung des Gedenkens aus? Wenn die oben zitierte UN-Resolution auf die Gegenwart zielt, und das tut sie bewusst, dann bekommt die Erinnerung an Ereignisse der NS-Zeit, an Entrechtung, Ausgrenzung und Verfolgung, an Depotration und Vernichtung eine zusätzliche Dimension: Mit der Erinnerung an die Zerstörung von Rechtsstaat, Gewaltenteilung und Minderheitenrechten tritt die gegenwärtige Verletzung von Menschenrechten nicht nur in konfessionellen und innergesellschaftlichen Konflikten zutage.

Durch die Konfrontation mit einem Unrecht, dass von staatlichen Institutionen verübt wird, muss sich eine heutige Öffentlichkeit, deren Aufgabe sein sollte, wachsam und kritisch zu sein, auch attestieren lassen, dass sie es an Wachsamkeit und Kritik offenkundig mangeln ließ. Es geht also beim Nachdenken über die Vergangenheit um eine selbstkritische Auseinandersetzung mit der Gesellschaft, in der wir leben, mit ihren Werten, ihren Schlagwörtern und Argumenten, ihrer Bereitschaft, Fehlentwicklungen zur Kenntnis zu nehmen und zu korrigieren. Und es geht um uns als Individuen, Bürger, Zeitgenossen, um unsere Fähigkeit, hinzusehen, uns zu empören, zu handeln. Zugleich aber geht es immer auch um die kritische Bewertung ganz persönlichen Verhaltens in der Gegenwart, um unsere Fähigkeit, Unrecht wahrzunehmen, Empörung zu äußern, Übergriffe gegen Mitmenschen zu verhindern und den Opfern von Gewalt, von Ausgrenzung und Verfolgung zu helfen.

Seit 1996 wird in der Bundesrepublik an die Befreiung des Konzentrations- und Vernichtungslagers Auschwitz im Rahmen eines »gesetzlich verankerten« Gedenktags erinnert. Die Entscheidung des Bundespräsidenten Roman Herzog gilt als wichtiges geschichtspolitisches Zeichen. Der 27. Januar konnte als Gedenktag seine politisch-pädagogische Bedeutung erringen, weil seine stilbildende und verhaltensprägende Zielrichtung verstanden wurde – und dies, obwohl er nicht als arbeitsfreier Tag begangen wird. Im Laufe von mehr als zehn Jahren bildete sich eine Art Erinnerungsritual heraus, das im Bundestag, in einigen Landtagen und Kommunen mit Reden, musikalischer Umrahmung und der Mitwirkung von Schülergruppen realisiert wird.

Der Ablauf der Feierlichkeiten ermöglichte es den politisch Verantwortlichen, für kurze Zeit den engen Rahmen des politischen Tagesgeschäftes zu verlassen und sich über die Substanz der zivilisierten, sich zu Menschenrechten und Minderheitenschutz bekennenden Gesellschaft öffentlich Gedanken zu machen. Dabei ging es, gewiss, nur um Stunden. Politische Interessenkonflikte wurden für wenige Augenblicke überwölbt durch die Suche nach politischer Gemeinsamkeit, nach dem viel zitierten »Grundkonsens«, der sich in der Verfassung des Grundgesetzes manifestiert, aber immer wieder zum Gegenstand grundsätzlicher politischer Kontroversen wird – wie die Auseinandersetzung um das Asylrecht und das Recht der Flüchtlinge auf ihr Lebensrecht zeigt.

Hier sieht man, dass der Grundkonsens eben auch Grenzen hat – und damit Ausgrenzungsmöglichkeiten bietet. Im kollektiven Gedenken geht es um gesellschaftliche Inklusion, um das Miteinander, um den Respekt vor dem Andersdenkenden, um die Konfrontation mit dem Leid der Verfolgten. Im politischen Alltagsgeschäft geht es hingegen in der Regel um Exklusion, etwa von »Wirtschaftsflüchtlingen«, die angeblich »vor allem in die Sozialsysteme einwandern« und sich »Sozialleistungen« erschwindeln wollen und nicht selten als eine Gefährdung von politischer Kultur und Religion gesehen werden. Pegida, Dügida, Bogida lassen grüßen. Deshalb bietet ein Gedenktag wie der 27. Januar die Gelegenheit und die Möglichkeit, über die Grundlagen politischen Zusammenlebens nachzudenken. Denn er konzentriert sich keineswegs allein auf den Völkermord an den Juden, sondern erinnert an alle Opfer nationalsozialistischer Gewaltherrschaft (☛ siehe Kasten S. 25).

Der 27. Januar ähnelt so gedenkpolitisch dem Jahrestag zur Erinnerung an den Aufstand vom 17.6.1953, als sich in Ostberlin und vielen anderen Städten Mitteldeutschlands Menschen erhoben und gegen die Willkür der SED-Herrschaft eines Walter Ulbricht demonstrierten, schließlich freie Wahlen forderten und ein Bekenntnis zur deutschen Einheit ablegten. Und am 17. Juni kann man sehen, dass Gedenktage, die Teil der Erinnerungskultur werden, das politische Bewusstsein prägen und oft sogar noch über ihren Anlass hinausweisen.

Auch der 20.7.1944, der Jahrestag des Attentats auf Hitler in der Wolfsschanze, ist ein nationaler Gedenktag, der nicht mehr nur an den Anschlag und die Gruppe um Claus von Stauffenberg erinnert, sondern an den gesamten Widerstand in seiner Vielfalt, Widersprüchlichkeit und zeitlichen Entwicklung. Diese drei Gedenktage sind vergleichbar. Sie sind an ein festes Datum gebunden, fallen in der Regel nicht auf einen Sonntag – wie der Volkstrauertag, der an die Opfer zweier Kriege erinnert und früher »Heldengedenktag« hieß. 20. Juli und 17. Juni markieren außerdem historische Selbstbefreiungsversuche, die scheiterten.

Wenn am 27. Januar nun glaubhaft an alle Opfer des »nationalsozialistischen Rassenwahns« und zugleich an alle Menschen erinnert werden soll, die *durch das nationalsozialistische Regime entrechtet, verfolgt, gequält oder ermordet wurden*, so setzt dies allerdings die Bereitschaft voraus, auf den Beginn des NS-Staates und die Konsolidierung natio-

Proklamation des Bundespräsidenten

1995 jährte sich zum 50. Mal das Ende des Zweiten Weltkrieges und der nationalsozialistischen Gewaltherrschaft. In diesem Jahr haben wir uns in besonderer Weise der Opfer des nationalsozialistischen Rassenwahns und Völkermordes erinnert und der Millionen Menschen gedacht, die durch das nationalsozialistische Regime entrechtet, verfolgt, gequält oder ermordet wurden. Symbolhaft für diesen Terror steht das Konzentrationslager Auschwitz, das am 27. Januar 1945 befreit wurde und in dem vor allem solche Menschen litten, die der Nationalsozialismus planmäßig ermordete oder noch vernichten wollte.
Die Erinnerung darf nicht enden; sie muß auch künftige Generationen zur Wachsamkeit mahnen.
Es ist deshalb wichtig, nun eine Form des Erinnerns zu finden, die in die Zukunft wirkt. Sie soll Trauer über Leid und Verlust ausdrücken, dem Gedenken an die Opfer gewidmet sein und jeder Gefahr der Wiederholung entgegenwirken.
Ich erkläre den 27. Januar zum Tag des Gedenkens an die Opfer des Nationalsozialismus.

Berlin, den 3. Januar 1996
Der Bundespräsident Roman Herzog
Der Bundeskanzler Dr. Helmut Kohl
Der Bundesminister des Innern Kanther

[Bundesgesetzblatt 1996, T. 1, vom 3. Januar 1996, S. 17]

nalsozialistischer Diktatur zurückzusehen und die Anfänge selbstkritisch in den Blick zu nehmen.

3 Bezugspunkt des Erinnerns: Das Scheitern der Weimarer Demokratie

Historische Ereignisse lassen sich aus verschiedenen Perspektiven beleuchten, bewerten und kritisieren. Wer vom Ende her urteilt, wertet immer in dem Wissen um Ausgang und Folgen eines Ereignisses. Wer hingegen nur den Beginn zum Ausgangspunkt macht, fragt nach Absichten und Motiven und sieht von den Folgen eines Ereignisses weitgehend ab. »Das Beste gewollt zu haben«, kann dann zur Entschuldigung für zuvor nicht erkannte Konsequenzen von Fehlentscheidungen werden. Ereignisse und Entwicklungen lassen sich aber auch aus der Mitte des Geschehens heraus bewerten. Dann rückt die Frage nach der augenblicklichen Entscheidung in den Mittelpunkt, nach der Fähigkeit, Folgen von Haltungen und Handlungen aus der konkreten Situation heraus zu bewerten, nach der Bereitschaft, überkommene Vorurteile zu überwinden und angesichts sich abzeichnender Möglichkeiten das Richtige zu tun.

Die Regierungsbeteiligung Hitlers wird heute vor allem aus der Kenntnis ihrer katastrophalen Auswirkungen bewertet. Dieser Akzent in der historischen Erinnerung hat seine Vorgeschichte. Fast drei Jahrzehnte blieb das Scheitern der Weimarer Republik der wichtigste Bezugspunkt öffentlichen Erinnerns für die Bundesrepublik. Regelmäßig wurde das Konzept der streitbaren Demokratie beschworen, der sogenannte »Radikalenerlass« von 1972 verteidigt, der Terrorismus der untergehenden Republik mit dem RAF-Terrorismus der siebziger Jahre verglichen und schließlich die Notwendigkeit eines Grundwertekonsenses beschworen.

In den fünfziger Jahren standen dagegen die Arbeitslosigkeit, der Versailler Vertrag, die Reparationen und der Kriegsschuldparagraf sowie die angeblich fortwährende Demütigung des Deutschen Reiches durch Gebietsabtretungen,

Ruhrbesetzung und militärische Schwächung im Mittelpunkt, um die Entfesselung nationalsozialistischer Gewalt verständlich zu machen. Diese Erklärung diente den Zeitgenossen, die die große Zustimmung der deutschen Bevölkerung zur NSDAP auf das Konto der wirtschaftlichen Verhältnisse und das Verhalten der Siegermächte von Versailles verbuchten, als Entlastung. Die politische Kultur der Deutschen, ihr Politik- und Parteienverständnis, ihre Fähigkeit, Konflikte auszutragen und in einen politischen Kompromiss münden zu lassen, wurden erst viel später von Publizisten, Schriftstellern und Kirchen beleuchtet, nämlich im Zusammenhang mit der kritischen Bewertung der politischen Mitverantwortung für die Bereitschaft, das System Hitlers zu bejahen, zu rechtfertigen und mitzutragen. Über die Ärzte wurde im Zusammenhang mit den rassenideologisch gerechtfertigten medizinischen Verbrechen, über Publizisten im Zusammenhang mit der propagandistischen Rechtfertigung des Regimes diskutiert. Juristen wurden ebenso wie Offiziere der Wehrmacht während der Nürnberger Nachfolgeprozesse kritisch gesehen. Eine breitere Diskussion über die Rolle der Universitäten und von Wissenschaftlern im NS-Staat wurde Mitte der sechziger Jahre mit Ringvorlesungen eingeleitet. Aber erst Jahrzehnte später wurde nach der Kontinuität von Eliten in Behörden, beim Bundesnachrichtendienst oder dem Bundeskriminalamt gefragt, wurden umfangreiche zeitgeschichtliche Forschungsprojekte ermöglicht.

Die dritte Perspektive hat sich im Laufe der letzten Jahrzehnte immer stärker durchgesetzt und die Auseinandersetzung mit der Verfassung, der Politik und der Geschichte der Weimarer Republik verändert. Zunächst sprach man von ihrem Untergang und ihrer Auflösung, später von einer Selbstpreisgabe, um bewusst zu machen, dass eine Verfassungsordnung Sache der Bürger ist. Die Bürger müssen den Verfassungsstaat akzeptieren und gegen seine Gegner verteidigen. Eine Demokratie – so die Lehre – muss abwehrbereit, ja kämpferisch sein und die Grundwerte eines freiheitlichen Verfassungsstaates verteidigen. Sie bedarf eines Konsenses, den alle Bürger mittragen – unabhängig von ihrer konfessionellen und kulturellen Präferenz, ihrer landsmannschaftlichen Prägung.

In der Gründungsphase der Weimarer Republik hatten sich die Konservativen zunächst zurückgehalten, ehe sie die »Novemberrepublik« der »Novemberverbrecher« attackierten und nicht einmal vor der Ermordung führender Politiker wie Matthias Erzberger (1875–1921) und Walther Rathenau (1867–1922) zurückschreckten. Das monarchische Prinzip, die Vorstellung des Gottesgnadentums, war von den Anhängern der neuen deutschen Republik, die sich durch ihre Staatssymbole in die Tradition der Revolution von 1848/49 stellte, in seiner Hohlheit durchschaut worden, als der deutsche Kaiser wenige Stunden nach Ausbruch der Revolution nach Holland flüchtete.

Im Bismarck-Staat hatten die Sozialdemokraten unter Verfolgungen gelitten. Auch im Wilhelminischen Staat waren sie oftmals Opfer von Justizwillkür geworden. Das Kaiserreich wollten sie nicht bewahren, brauchten aber Zeit, um die Verantwortung der deutschen militärischen und politischen Führung für den Kriegsausbruch und Deutschlands militärische Niederlage zu erkennen. Innerhalb der vielfach gespalteten Arbeiter- und Gewerkschaftsbewegung war der politische Konsens immer schon brüchig gewesen. Gerade deshalb war die Bereitschaft der Sozialdemokratie, einem Verfassungskonsens mit Liberalen, Demokraten und den Vertretern des politischen Katholizismus zuzustimmen, groß. Gleichwohl klaffte stets eine Distanz zwischen Herzens- und Vernunftrepublikanern und schwächte das Bekenntnis zur Verfassung.

Der Versailler Vertrag mit seinem Kriegsschuldartikel und seinen Reparationsforderungen, mit Landverlusten, einer auf 100.000 Mann verkleinerten Reichswehr und einer

Reichsmarine, die sich mit »Westentaschenpanzerschiffen« begnügen musste, wurde auch von der demokratischen Arbeiterbewegung abgelehnt. So blieb die Last des Krieges, der nachträglich durch eine extreme Geldentwertung finanziert wurde und im Zuge der Hyperinflation vor allem angesparte Vermögen vernichtete, zu einer schweren Hypothek für die SPD als Regierungspartei, die von der politischen Rechten immer wieder als »Vaterlandsverräter« oder »vaterlandslose Gesellen« diffamiert wurde. Hieran wurde deutlich, dass in der ersten demokratischen Republik auf deutschem Boden kein gemeinsames Verfassungsverständnis und Nationalbewusstsein existieren konnte.

Wie militant die Stimmung unter den Verfassungsgegnern der politischen Rechten war, machten 1921/22 Mordanschläge auf führende Politiker der Republik deutlich, die von Freikorpsangehörigen regelrecht hingerichtet wurden. Die Mörder blieben von der Justiz weitgehend unbehelligt. Auch der 1919 zum ersten Reichspräsidenten gewählte Sozialdemokrat Friedrich Ebert war Opfer von Verleumdung und Rufmord. Die Symbole der Republik, allem voran die Nationalflagge, wurden geschändet und öffentlich verlacht.

Die erste ernste Bedrohung der Weimarer Republik war ein Putsch, den ein deutschnational gesinnter Politiker namens Kapp und der ehemalige General von Lüttwitz angezettelt hatten, um die Regierung in Berlin zu stürzen. Die Weimarer Koalitionsregierung musste nach Stuttgart ausweichen und wurde entscheidend nur durch die Gewerkschaften verteidigt, die einen Generalstreik ausriefen, um die Putschisten zurückzuschlagen. Die Reichswehr schritt nicht ein. Truppe schieße nicht auf Truppe, erklärte General von Seeckt, der »Chef« der Reichswehr. Er sah die Reichswehr quasi als einen Staat im Staate und wollte das Heer der politischen Kontrolle durch den Reichswehrminister und das Parlament entziehen.

Mit der Besetzung des Ruhrgebietes 1923 geriet die Weimarer Republik innenpolitisch erneut in arge Bedrängnis.

Die Hyperinflationen förderte die Radikalisierung des Mittelstandes und zerrüttete zugleich die Staatsfinanzen. Doch die größte Gefahr erwuchs der Republik durch linksradikale Aufstände und einen Putsch von rechts, den Adolf Hitler initiierte. Wie Mussolini 1922, der sich Italien im Zuge eines Marschs der Faschisten auf Rom unterworfen hatte, wollte Hitler die Berliner Zentralregierung von der »Ordnungszelle« Bayern aus stürzen.

Die Angriffe auf die Verfassung wurden abgewehrt, und ab 1924 setzte eine Konsolidierungsphase der Republik ein, die den Eindruck verstärkte, ein politisch stabiles Gemeinwesen geschaffen zu haben, vor allem, als nach der Hyperinflation mit der Rentenmark eine neue Währung kam. Allerdings blieben viele Ressentiments virulent und entluden sich in antisemitischen Ausfällen, häufigen Konflikten um staatliche Symbole und einseitigen Urteilen der Justiz, die auf dem rechten Auge blind zu sein schien.

Durch die Modernisierung und Rationalisierung der deutschen Wirtschaft konnten Arbeitsplätze gesichert werden. Die Einkommen stiegen. So wurden die Jahre ab 1924 nicht nur in kultureller Hinsicht als »golden« empfunden, sondern als ein Jahrfünft politischer Stabilität, bis im Oktober 1928 die Weltwirtschaftskrise auch über Deutschland hereinbrach. Zum Bollwerk der Demokratie und Republik wurde nun das Land Preußen unter SPD-Ministerpräsident Otto Braun, der bis 1932 einer Koalition aus Sozialdemokraten, Zentrum und Demokraten vorstand. Er bewies, dass die Sozialdemokraten trotz innerparteilicher Diskussionen willens und in der Lage waren, ihren Beitrag zur friedlichen und demokratischen Neuordnung zu leisten.

Die entscheidende Wende zum Ende wurde im Sommer des Jahres 1932 eingeleitet und zerstörte endgültig den politischen Grundkonsens der Republik. Am 20.7.1932 kam es zu einem folgenschweren Verfassungsbruch, der mit einem Schlag die Schwäche der Weimarer Verfassungsordnung ans

Licht brachte. Nach den Jahren 1919–1923, nach Hyperinflation, Aufständen und Ruhrbesetzung währte die Stabilitätsphase der Republik gerade einmal vier Jahre. Wichtige zukunftweisende Entwicklungen hatten sich abgezeichnet, vor allem die beginnende Aussöhnung mit Frankreich, welche die Außenminister Aristide Briand und Gustav Stresemann 1925 in Locarno besiegelten. Dafür erhielten sie gemeinsam den Friedensnobelpreis.

Doch die Weltwirtschaftskrise veränderte die Rahmenbedingungen explosionsartig und leitete eine Krise auch des politischen Systems ein. Die sozialen Gegensätze spitzten sich zu, die radikalen Parteien erstarkten, die Zahl der Demokratieverächter wuchs. Parlamentarische Mehrheiten kamen nicht mehr zustande, weil die Fraktionen und Parteien im Reichstag für die anstehenden politischen Entscheidungen keine Verantwortung mehr übernehmen wollten.

Heinrich Brüning wurde am 30.3.1930 zum Reichskanzler eines Präsidialkabinetts ernannt und wollte, obwohl Notverordnungen, die das Parlament aushebelten, sein wichtigstes Regierungsinstrument wurden, nach eigenem Verständnis Schlimmeres verhüten. Die Zentrumspartei stützte ihn und die Sozialdemokraten tolerierten ihn, nicht zuletzt, um die radikalen Parteien KPD und NSDAP von der Macht fernzuhalten. Dennoch war die Weimarer Demokratie unter Brüning zu einem Regime geworden, dessen Funktionsfähigkeit vor allem von der Gunst des Reichspräsidenten abhing, in personam des obrigkeitsstaatlich sozialisierten ehemaligen »Heerführers« Paul von Hindenburg. Mit ihm fasste die Bereitschaft, autoritärere Staatsformen zu entwickeln, die in Italien und Ostmitteleuropa an Boden gewonnen hatten, auch in Deutschland Fuß. Manchen ging es dabei nicht um die Errichtung eines antidiktatorischen Bollwerks, sondern um einen Systemwechsel. Hindenburg hatte die demokratischen Politiker der Weimarer Koalitionsregierungen stets verunglimpft und fleißig die Legende vom Dolchstoß aus der

Heimat in den Rücken des angeblich siegreichen deutschen Heeres propagiert, seit die abgewirtschafteten Eliten des Kaiserreichs die politische Führung 1918 an die Sozialdemokraten abgeben mussten. Die rechtsgesinnten Deutschen sprachen von einer Regierung der »Novemberverbrecher«, wenn sie die Parteien der Weimarer Koalition meinten. Deren Anhänger aus Demokraten, Sozialdemokraten und Zentrum schienen zunehmend zu verzagen. Herzensrepublikaner wurden selten, bestenfalls bekannte man sich als »Vernunftrepublikaner«.

Die Präsidialregierung steht zwar für das Scheitern der parlamentarischen Weimarer Demokratie, markiert aber noch nicht das Ende ihrer Verfassungsordnung. Denn in der »Eisernen Front« und im »Reichsbanner Schwarz-Rot-Gold« fanden sich überzeugte Republikaner, die durchaus bereit waren, für ihre Republik und deren Verfassung zu kämpfen. Erst mit Brünings Rücktritt am 30.5.1932 wurde der letzte Versuch eingeläutet, das drohende Unheil zu verhindern. Hindenburg löste den Reichstag auf und setzte Neuwahlen auf den 31.7.1932 fest. Nun begann der blutigste Wahlkampf, den Deutschland bis dahin erleben sollte und den Historiker als »Wahlkampfinferno« charakterisierten. Kommunisten und Nationalsozialisten lieferten sich Saalschlachten und Straßenkämpfe, die an die Bürgerkriegsmonate der Jahre 1919 und 1923 erinnerten. Offensichtlich existierte kein politischer Grundkonsens mehr. Die Republik schien preisgegeben und verraten. Das öffentliche Ansehen der demokratischen preußischen Regierung sank immer weiter, auch deshalb, weil die autoritäre Reichsregierung unter Franz von Papen den Eindruck erweckte, im Reich für Ruhe und Ordnung zu sorgen.

Am 17.7.1932 ereignete sich in Hamburg-Altona eine Katastrophe. Am »Altonaer Blutsonntag« kamen 19 Menschen ums Leben – die meisten waren Opfer von Polizeikugeln. Wenige Tage später wurden drei preußische Minister in die Reichskanzlei beordert, wo ihnen Reichskanzler von Papen verkündete, die Regierung Otto Braun sei abgesetzt und werde durch einen Reichskommissar ersetzt. Dieser als »Preußenschlag« in die Geschichtsbücher eingegangene Putsch entbehrte jeder gesetzlichen Grundlage und bedeutete einen folgenschweren Verfassungsbruch. Die abgesetzte preußische Regierung rief den Staatsgerichtshof an, rang sich aber nicht dazu durch, zum Widerstand aufzurufen. Das gestürzte Kabinett Otto Brauns hoffte offensichtlich, die Reichstagswahlen zum Fanal machen zu können und das Handeln der Regierung Papen mit dem Stimmzettel zu ächten. Doch es war zu spät. Massenarbeitslosigkeit, nationalistische Agitation und allgemeines Misstrauen hatten ihre Wirkung getan. Die Weimarer Koalition hatte ihre Legitimitätsgrundlage endgültig verloren. Von nun an bestimmten Intrigen das politische Spiel.

Einzelne Gruppen der Eisernen Front und des Reichsbanners riefen zwar zu Protest und Widerstand, sogar zum bewaffneten Aufstand auf – vorherrschend war aber eine apathische Stimmung, die erklärt, warum gewaltsame Übergriffe und der Bruch der Weimarer Verfassungsordnung vielfach hingenommen wurden. Die Kommunisten hatten bereits die Brüning-Regierung als »faschistisch« diffamiert und setzten auf den Zusammenbruch des politischen Systems. Auch Sozialdemokraten verstanden sich nicht als »Arzt«, sondern »Erbe« des Systems und schienen überzeugt, die Weimarer Republik müsse erst total scheitern, ehe ein politischer Neuanfang möglich sei. Nur wenige weitsichtige Zeitgenossen wie der Publizist Theodor Wolff ahnten das kommende Unheil und prophezeiten die »Legalisierung der Rache« nach einem nationalsozialistischen Wahlerfolg. Der liberale Historiker Franz Schnabel schrieb, in Zukunft werde das politische Leben in Deutschland der »Ruhe des Friedhofs« ähneln. Doch warnende Stimmen verhallten, weitgehend ohne Resonanz.

Die Weimarer Republik galt nun nicht mehr nur als glücklos, sondern als unfähig und erfolglos. Im Rückblick erklärten viele, sie sei bereits mit ihrer Entstehung dem Untergang entgegengetaumelt. Trotz ihrer zukunftweisenden Verfassungsordnung, ihrer Grundrechte und ihrer Verwurzelung in der Revolution von 1848 wurde sie von Zeitgenossen nicht als Ausdruck deutscher Demokratie, als Grundlage von Rechtsstaatlichkeit und parlamentarischer Parteiherrschaft anerkannt. Der ausbleibende Widerstand des Juli 1932 zeigte nicht zuletzt, dass Machthaber mit einem Bruch der Verfassung kein Risiko mehr eingingen. Am Tage der Ernennung Hitlers zum Reichskanzler erhielt die Weimarer Verfassungsordnung ihren Todesstoß – Terror, Willkür und Verfolgung bestimmten nun das Wesen deutscher Innenpolitik.

Der 20.7.1932 war ein rabenschwarzer Tag der deutschen Geschichte, gleichsam das Vorspiel zu Deutschlands Untergang, der sich nicht plötzlich am 8.5.1945 ereignete, sondern mit dem 30.1.1933 einsetzte. Jene Anhänger der Republik, die zum militanten Widerstand bereit gewesen wären, deuteten den »Preußenschlag« als Scheitern, aber auch als Versagen der Demokraten – zu Recht. Hier hat die Forderung, schon den Anfängen einer Erosion der legitimen – Freiheit, Rechtsstaatlichkeit und Gewaltenteilung garantierenden – Verfassung entgegenzutreten, ihre Wurzeln. Es ist keine Magie des Datums, wenn dieser 20.7.1932 auf den 20.7.1944 verweist – den letzten, verzweifelten und viel zu späten Versuch, die abschüssige Bahn deutscher Politik zu verlassen, das Blatt einer offensichtlich verbrecherischen Entwicklung, die für die Geschichte der Deutschen so verhängnisvoll war, aus eigener Kraft zu wenden und einer Befreiung Deutschlands vom NS durch alliierte Truppen zuvorzukommen.

4 Der Untergang begann am 30.1.1933

Hatte der »Preußenschlag« jenen Verfassungsbruch vom Januar 1933 vorbereitet, den die Nationalsozialisten später als »Machtergreifung« bezeichneten, so gab Reichspräsident Hindenburg, der von einem autoritären, halbparlamentarischen Staat träumte, Hitler schließlich die Machtmittel zur Beseitigung der bis dahin freiheitlichsten deutschen Verfassung an die Hand. Damit begann ein Martyrium, das für viele Deutsche im Exil, im Gefängnis, Zuchthaus oder Konzentrationslager endete. Die Nationalsozialisten erhoben den 30. Januar zum Staatsfeiertag, es gab sogar schulfrei. Doch seit der Ernennung Hitlers zum Reichskanzler galt dieser verhängnisvolle Tag der »Machtergreifung« vielen anderen und uns heute als Menetekel des Zivilisationsbruchs schlechthin, als düsteres Zeichen an der Wand einer sich konsolidierenden Diktatur und enthumanisierenden Gesellschaft. Denn nun erst wurde überdeutlich, wie wichtig es gewesen wäre, in den zwanziger Jahren den Anfängen politischer Zerstörung von Grundwerten entgegenzutreten. Die Regierungsübertragung an Hitler und die NSDAP ähnelten ja zunächst durchaus der Etablierung vorangegangener Präsidialkabinette, wie sie seit dem Sturz von Brüning regelrecht zur Gewohnheit geworden war und kaum jemanden mehr aufrüttelte – zu sehr hatte die nationalsozialistische Machtstrategie verbreitete Deutungen der Gegenwart aufgenommen und einen neuen politischen Grundkonsens geschaffen.

Deshalb wurde die selbstkritische Frage, welche Übergriffe gegen Andersdenkende überhaupt bei der Mehrheit der Deutschen Empörung ausgelöst hätten, zur politischen Gewissensprobe der Nachlebenden. Die Nationalsozialisten griffen verbreitete Stimmungen auf und erzeugten Fraglosigkeit, Gleichgültigkeit, Indifferenz. Konsequent schufen sie durch Manipulation der Öffentlichkeit eine Grundstimmung, die Sozial- und Kommunikationswissenschaftler später als »Schweigespirale« (Elisabeth Noelle-Neumann) bezeichneten. Offenbar neigen Menschen zur Anpassung, sie leben gern in Übereinstimmung mit anderen. Es brauchte Mut, um sich diesen Sogstimmungen zu widersetzen, Zivilcourage zu zeigen. Denn dieser Mut hat sich im Zusammenleben mit anderen, in der Bereitschaft zum Widerspruch zu bewähren.

Mit der »Machtergreifung« ging auch eine Umdeutung der Vergangenheit einher. Dies erklärt, weshalb die Zeitgenossen nicht erkennen wollten, dass sich in der Endphase der Weimarer Republik bereits die Möglichkeit eines Umschwungs zum Besseren angedeutet hatte, dass es sich also bei der Weimarer Republik keineswegs um eine von Beginn an zum Scheitern verurteilte Staatsgründung gehandelt hatte – sie machte nämlich auch viele positive Verfassungsangebote. Der negative Grundkonsens richtete sich gegen die »Systemzeit« und erklärt die Gelassenheit, mit der die meisten Zeitgenossen auf die Nachricht von Hitlers Ernennung zum Reichskanzler reagierten. Die Gewerkschaften erklärten »kühles Blut und Besonnenheit« zum »ersten Gebot der Stunde«. Harry Graf Kessler hörte die Sensation erst »zwei Uhr mittags«, als ein bekannter »zum Frühstück kam« und die »Nachricht mitbrachte«. Er war verblüfft, mehr nicht, denn er hatte »diese Lösung, und noch dazu so schnell, nicht erwartet.« Und sogar der im Elsass geborene Sozialdemokrat Julius Leber, der bereits in der Nacht darauf von SA-Leuten zusammengeschlagen und von Polizisten inhaftiert wurde, beschwor die unerschütterliche »Festigkeit der deutschen Arbeiterschaft« mit den Worten: »Wir fürchten die Herren nicht.« Offensichtlich fiel den meisten Zeitgenossen, wie Karl Kraus einmal spottete, zu Hitler wirklich wenig ein.

Nicht zuletzt diese Diskrepanz zwischen der späteren Dramatisierung und Überhöhung der Machtergreifung als »Zivilisationsbruch« und Epochenscheide europäischer Geschichte einerseits und andererseits der erstaunlich zurückhaltenden Wahrnehmung durch die meisten Zeitgenossen macht deutlich, wie wichtig die kritische Auseinandersetzung mit zeitgenössischen Wahrnehmungen, Affekten und Emotionen ist. Verharmlosung und Unachtsamkeit steigern sich zum Beginn politischen Fehlverhaltens und machen deutlich, wie ernst die Forderung zu nehmen ist, den Anfängen zu wehren.

Historiker sind in der Regel schlechte Gewährsleute, um die Dramatik offener Entscheidungssituationen zu beschreiben, denn ihre Kenntnis der Vergangenheit erfolgt aus dem Wissen des Geschehenen, nicht aber aus der Mitte der Entwicklungen heraus. Wer aber als Zurückblickender versucht, gleichsam ohne Kenntnis des geschichtlichen Ausgangs von Ereignisketten aus den Zeitverläufen heraus die Vorgänge zu beschreiben, wer sich in dieser Weise auf die Zeitzeugenschaft einlässt und von den nicht selten angelesenen Kenntnissen der Späterlebenden löst, steht vor einem der großen Rätsel deutscher Zeitgeschichte. Er kennt die Folgen der Machtergreifung, er spürt zugleich die brennenden Verletzungen, die Wunden, die auch das kollektive Fehlverhalten der Bevölkerungsmehrheit geschlagen hat. Denn es geht beim Untergang der Weimarer Republik um die Preisgabe einer menschenwürdigen Verfassungsordnung, die vorbildlich war, auch, weil sie einen Grundrechtskanon enthielt, der in vielen Passagen dem Grundgesetz ebenbürtig war.

Am 30.1.1933 wurde der Grundstein für die Errichtung eines totalitären, antidemokratischen Einheitsstaates gelegt, der gezielt die republikanische Verfassungsordnung durch eine politische, kulturelle und verwaltungsmäßige »Gleichschaltung« zerstörte. Es folgte die systematisch betriebene Gleichschaltung von Staat und Gesellschaft. Sie lähmte Hitlers Gegner, die zunehmend die »Schere im Kopf« hinnahmen und nicht (mehr) genau wussten, wo die Grenzen zwischen Anpassung und Unterwerfung verliefen. Da kulturelle Nivellierung keineswegs nur eine Folge drohender Gewaltanwendung, sondern auch einer Selbstgleichschaltung ist, macht sie deutlich, wie wichtig es ist, »Anfänge« geistiger Kapitulation zu erkennen.

Die Androhung von Gewalt bildete die Erklärung und den faktischen Hintergrund von Terror, Angst und Anpassung, damit aber auch für Schweigen und Hinnehmen, für das »Nicht-sehen-wollen« und »Nicht-sehen-können«. Denn Angst macht blind, begünstigt Selbstentschuldigung und blanken Überlebenswillen, ist Voraussetzung für Mitgehen und Folgegehorsam, für die »Selbstgleichschaltung« gesellschaftlicher Gruppen und einzelner Individuen. Angst entsteht aus einer als bedrohlich empfundenen Zukunft, aus Existenznot, aus konkreter Furcht – sie wächst im Innern von Menschen, die durch sie inaktiv werden, Herausforderungen nicht mehr standhalten können und ihnen »erliegen«, obwohl sie sich innerlich empören, Mitleid und Scham empfinden.

Angst wird nicht zuletzt bewusst erzeugt und beeinflusst dann die Wahrnehmung der Welt, ihre Deutung und die Zukunftsvorstellungen. Sie wird zu einem Faktor der Politik. Unsicherheit soll öffentlich wahrgenommen und empfunden werden, denn erst dann macht das Gefühl der Brüchigkeit von politischen und sozialen Verhältnissen aus vielen verschiedenen Menschen eine Herde. Angst ebnet Vielfalt und Individualität ein und formt eine amorphe Masse; sie erzeugt eine – wie Ibsen in seinem Schauspiel »Der Volksfeind« schrieb – »kompakte Majorität«, die die Minderheit einschüchtert und schweigen lässt. Das nationalsozialistische Streben nach Homogenität schlug sich im Anspruch auf eine Gleichschaltung der Empfindungen, des Bewusstseins und die Ausrichtung der Gesellschaft nieder. Die Rechtfertigung des Staates erfolgte durch Propaganda, durch Verfassungswandel, Gewalt und eine veröffentlichte Meinung, die nicht mehr aufklären, sondern einschwören soll.

Die Nationalsozialisten kamen der aus Angst resultierenden Forderung nach einer zentralisierten Einheitsverwaltung, dem Streben nach sozialer Harmonie, dem in Krisenzeiten übermächtigen Wunsch nach einer Art von Zukunftsgewissheit und dem Verlangen nach einer Alternative zum ungeliebten Weimarer System vielfach entgegen. Sie hatten den politischen Willen artikuliert, einen Einheitsstaat zu schaffen, der Ausdruck eines von ihnen »monopolisierten Nationalbewusstseins« war. Alle, die sich diesem Monopol nicht unterwarfen, wurden der brutalsten Herrschaft ausgesetzt. Die Macht der Nationalsozialisten wurde durch nichts begrenzt und von keinem kontrolliert.

Der »Führerstaat« erzeugte eine dumpfe Massenloyalität, die sich zu einer bedingungslosen Folgebereitschaft, zum Kadavergehorsam steigerte. Gewaltausübung durch staatliche Organe und die disziplinierende Gleichschaltung gehörten sachlich zusammen, denn erst durch den gewaltsamen Bruch von verfassungsstaatlichen Normen wie Grundrechten, wie den Prinzipien des Rechtsstaates und der Gewaltenteilung wurde die Gesellschaft durchstaatlicht. Die Verwaltung fiel der NSDAP anheim – auch sie war gleichsam vergesellschaftet worden. Die umfassende Gleichschaltung vollzog sich innerhalb weniger Monate und schuf die Voraussetzungen für weitere eskalierende, ungebremste Gewaltanwendungen, die sich gegen Juden, »Ballastexistenzen« und alle richtete, deren Lebensrecht aus politischen und rassenideologischen Gründen nicht anerkannt wurde.

Die geistige Gleichschaltung erklärt, weshalb große Teile der deutschen Gesellschaft sich dem politischen Anspruch der Nationalsozialisten unterwarfen. Sie verwirrte lange das historische und politische Urteilsvermögen, und sie erklärt die Anstrengungen politischer Pädagogen nach 1945, das Nachdenken über das Scheitern der Weimarer Republik und die rasche und problemlose Konsolidierung der nationalsozialistischen Diktatur zum Bezugspunkt der politischen Bildung in der neuen Demokratie zu machen. Es brauchte einige Jahrzehnte, bis man nicht mehr von einer angeblich »legalen« Machtergreifung, sondern von einer »Machterschleichung« und einem bewussten Verfassungsbruch sprach. Die Nationalsozialisten stützten sich auf ideologisch legitimierte Gewalt, um durch Druck auf die Öffentlichkeit eine pseudodemokratisch, plebiszitär abgesegnete Berechtigung zu haben, die verhasste Weimarer Verfassungsordnung zu beseitigen. Dies unterschied sie von nicht minder gewaltsamen Konkurrenten, insbesondere von der KPD, die nach revolutionärer Diktatur, nicht aber nach quasi legaler Machtübernahme strebte. Auch die Diktatur des Proletariats wäre ein Bruch der Verfassung mit dem Ziel gewesen, eine totalitäre Herrschaft zu errichten – allerdings ausdrücklich ohne jeglichen Anschein der Verfassungsmäßigkeit, der Legalität und der Mehrheitszustimmung.

Der Wille, die eroberte Herrschaftsposition durch hemmungslos präsentierte und realisierte Gewaltbereitschaft zu nutzen und das Weimarer »System« in ein »Drittes Reich« zu verwandeln, stand für die Nationalsozialisten niemals in Zweifel. Dies ist eine ihrer Besonderheiten. Bereits im Juli 1927 hatte Joseph Goebbels auf dem Brandenburger Gau-Tag der NSDAP angekündigt, dass »eine Bewegung, die einen alten Staat zertrümmern will, … nicht auf Filzpantoffeln gehen« könne. Mit »aller Macht« wollten die Nationalsozialisten ihren »Zukunftsstaat« gestalten und dabei vor buchstäblich nichts zurückschrecken. Goebbels vertrat eine kleine gewaltsame, militante und antiparlamentarische Strömung innerhalb der NSDAP. »Die anderen treten ein, reden, debattieren, stimmen ab, lassen sich Diäten auszahlen«, hatte er erklärt, »wir aber schaffen uns die Machtgruppe, mit der wir einmal den Staat erobern können, und wir werden dann rücksichtslos und brutal mit dem Machtwillen des Staates unseren Willen und unser Programm durchsetzen.«

Die Mobilisierung einer Stimmung, die sich gegen das republikanische System richtete, löste die damalige Struktur politischer Werte auf, die in der Verfassung ihren Niederschlag gefunden hatte. »Haben wir einmal den Staat erobert, dann ist dieser Staat unser Staat, dann werden wir, und wir allein, die verantwortlichen Träger dieses Staates sein.« Dies bedeutete, dass die NSDAP nach dem Sturz des abgelehnten Systems selbst zum Staat werden wollte, der »auf dem Wege der diktatorischen Gewalt« nach nationalsozialistischen Grundsätzen umgestaltet werden sollte. Die Nationalsozialisten wussten offensichtlich zu allen Zeiten genau, was sie wollten. Sie hatten ihr Ziel fest im Blick und hätten vielleicht nur durch den Zeitpunkt der ersehnten »Machtergreifung« überrascht und für Augenblicke, die möglicherweise entscheidend gewesen wären, aus der Bahn geworfen werden können.

Hielten sie die Macht aber erst einmal in Händen, dann war die Frage der rechtlichen Bindung und der parlamentarisch-rechtsstaatlichen Legitimation unerheblich. Man »pfeife auf das Einverständnis« des Volkes, wenn es in dieser Situation nicht zustimme, denn man traue sich als Nationalsozialist schon zu, es »gegen seinen Willen und mit Gewalt glücklich zu machen«. Für die Nationalsozialisten war der 30.1.1933 ein seit Langem ersehnter Tag. Nach einigen Verzögerungen, Ränken und Befürchtungen führte Hitler endlich sein Kabinett der »nationalen Konzentration« an. In ihm besaßen die Nationalsozialisten nicht einmal die Mehrheit. »Was nun?«, fragten sich manche Zeitgenossen und starrten auf die bevorstehenden Reichstagswahlen, die das monatelang währende »Wahlkampfinferno« zum endgültigen Abschluss bringen sollten. »Was dann?«, hatte auch Goebbels gefragt und die Antwort gegeben: »Dann beißen wir die Zähne aufeinander und machen uns bereit. Dann marschieren wir gegen diesen Staat.« Aus den »Revolutionären des Wortes werden dann Revolutionäre der Tat«.

Heute ist mehr denn je umstritten, ob die Politik der Nationalsozialisten die von ihnen geforderte und schließlich proklamierte »deutsche Revolution« darstellte. Jedoch ist kaum zu bezweifeln, dass innerhalb weniger Monate das überkommene politische System grundlegend umgestürzt wurde. »Der Wille zur Macht« würde sich schon die »Mittel zur Macht« verschaffen, hatte Goebbels geschrieben. Das erste Etappenziel war die Gleichschaltung von Staat und Gesellschaft. Erst danach konnten die visionären Ziele verwirklicht werden, die schließlich in Weltkrieg, Menschenvernichtung und Verlust der nationalen Einheit mündeten. Die Nationalsozialisten usurpierten die Macht, überrannten den Staat und seine Institutionen, aber sie kamen nicht gegen den Willen der Bevölkerungsmehrheit in Positionen, von denen aus sie ihren nationalsozialistischen Zukunftsstaat verwirklichen konnten. Sie konnten Staat, Gesellschaft und Kultur nur deshalb gleichschalten, weil die Bereitschaft zur gesellschaftlichen und politischen Selbstgleichschaltung unter den Deutschen weitverbreitet war. Gleichschaltung und Selbstgleichschaltung waren wichtige Aspekte der »nationalsozialistischen Revolution«, die wir heute als einen sich stufenweise verwirklichenden Vorgang der Machtergreifung interpretieren, der eine neue Verfassungswirklichkeit erzeugte.

Sie war natürlich nicht auf die Reichshauptstadt Berlin beschränkt. Sie erschöpfte sich nicht in den Ereignissen eines Tages, wie die Nationalsozialisten später behaupteten. Erst viel später erkannte man die Langfristigkeit dieser Eroberung und Konsolidierung nationalsozialistischer Herrschaft. Der Begriff »Gleichschaltung« ist von den Nationalsozialisten geprägt und von der zeitgeschichtlichen Forschung erst später übernommen worden. Er meint die stufenweise verwirklichte totale Durchstaatlichung und Verstaatlichung der Gesellschaft ebenso wie die von den Nationalsozialisten auf den Endpunkt getriebene »Vergesellschaftung des Staates« durch *eine* gesellschaftliche Bewegung, *eine* Partei. Beides wird heute als Voraussetzung für die Gleichschaltung im Sinne der Beseitigung individueller und kollektiver Grund-, Menschen- und Bürgerrechte interpretiert. Sie ist nicht zu verwechseln mit dem Anspruch einer Zivilgesellschaft, denn diese bildet Institutionen der Interessenartikulation und Interessenvermittlung aus. Sie stellt das Gegenteil zu jenem totalitären Staat dar, der sämtliche Rechts- und Schutzschranken zwischen Staat, Gesellschaft und Individuum aufheben konnte, um »politische und individuelle Freiheit« vollständig zu beseitigen.

So lässt sich in der Gleichschaltung das »deutsche Trauma« (Kalow) greifen, vor allem in der fatalen Bereitschaft zur inneren geistigen »Ausrichtung«, die sich im Begriff der Volksgemeinschaft niederschlug und heute in Pegida-Massendemonstrationen, die von sich behaupten, das »Volk zu sein«, neu ersteht. Hatten die Nationalsozialisten nicht durch gesteuerte Massenappelle in weiten Teilen Deutschlands den angeblichen Volkswillen artikuliert und Vorstellungen geprägt, die in der Gesellschaft angeblich breite Zustimmung fanden? Waren die Wahlen vom November 1932 und sogar noch die letzten halbwegs freien Wahlen vom 5.3.1933 nicht ohne den später einengenden brutalen Druck durchgeführt worden? Hatten sich nicht viele Zeitungsredaktionen willig nivellieren, Verbände gleichschalten, Parteien »selbst auflösen« lassen? Wo blieben die Proteste gegen die politisch und rassenideologisch motivierte »Säuberung« des Berufsbeamtentums, gegen den Boykott jüdischer Geschäfte am 1.4.1933, gegen die Ausgrenzung von Juden aus dem nationalen Konsens und später aus der Reichsbürgerschaft? Hatten die Millionen Anhänger anderer Parteien nicht vor dem propagandistisch erzeugten Meinungsdruck kapituliert? Hatten sie sich nicht in eine abwartende Position begeben, die allmählich in eine unbestreitbare Nachfolgebereitschaft mündete?

Aber Nachfolgebereitschaft ist eine Haltung, die sich nicht erzwingen lässt, sondern Freiwilligkeit voraussetzt, die der Neigung zur Anpassung entgegenkommt und somit die Kehrseite der politischen Gleichschaltung ausmacht. Sie entspringt nicht nur der Furcht, sondern auch der Selbstidentifikation, der leichtfertigen Akzeptierung nationalsozialistischer Ziele und Praktiken. Erst Selbstidentifikation und Selbstgleichschaltung schufen den Resonanzboden für die expandierende Gewaltideologie und Gewaltpolitik, die sich immer neue Feindbilder schuf und so eine ständige Mobilisierung der Bevölkerung erreichte. Die zerstörende Wirkung der nationalsozialistischen »Machtergreifung« ist in ihren Voraussetzungen und Konsequenzen nicht zu verstehen, wenn wir nicht das Ineinandergreifen staatlicher Verfügungsgewalt und innergesellschaftlicher Gegensätze begreifen.

Wann begann der Weg nach Auschwitz? Dies war eine immer wieder diskutierte Frage, denn sie zielte auf das Einsichtsvermögen der Bevölkerungsmehrheit und die Hoffnung, künftig jeder Zerstörung der Kultur des Zusammenlebens frühzeitig entgegenzutreten. Schematisch betrachtet hat sich diese NS-Herrschaft in Stufen etabliert und gesichert. Nach einem vergleichsweise einfachen Muster der Beteiligung an einer Präsidialregierung gelingt es den Nationalsozialisten,

- Grundrechte aufzuheben;
- die öffentliche Meinung durch einen Wahlkampf zu formieren;
- die bundesstaatliche Ordnung zu beseitigen;
- die Beamten in Justiz, Verwaltung und Bildung auf ihre Ziele, vor allem aber auf unbedingten Gehorsam hin auszurichten;
- die aus Großverbänden und Parteien bestehende pluralistische Ordnung zu beseitigen und damit Staat und Gesellschaft auf nationalsozialistische Politik einzuschwören.

An die politische Überwältigung der Gesellschaft schließt sich der kulturelle und konfessionelle Formierungsvorgang an, den Karl-Dietrich Bracher als »Selbstgleichschaltung« bezeichnete. Sie hat die Transformation des Staates, insbesondere der Verwaltung und Rechtsprechung, in ein Instrument nationalsozialistischer Politik zum Ziel. Ausdruck dieses instrumentellen Charakters ist die Entstehung des nationalsozialistischen Einheits- und Führerstaats. Er beansprucht, dass Willen und Ziele sich aus einer ideellen Quelle, dem Führer, speisen.

Die weiteren Stufen der »mentalen Gleichschaltung« der Gesellschaft spiegeln sich in zahlreichen Verordnungen, aber auch in Gesetzespaketen – so vom 7.4.1933, 14.7.1933, 30.1.1934 –, die den totalitären Herrschaftsanspruch der nationalsozialistischen Partei betonten und sicherten. In der mentalen Gleichschaltungsphase wurde früh die Tendenz zur rassengeschichtlich, rassenpolitisch und erbbiologisch begründeten Vereinheitlichung der Gesellschaft sichtbar. Sie macht einen weiteren Aspekt nationalsozialistischer Homogenisierung aus und führt direkt zu den Verbrechen, derer wir am 27. Januar gedenken.

5 Gegen das Vergehen der Erinnerung im Gedenken – Diskussionen über die Vergegenwärtigung der NS-Verbrechen

Die Auseinandersetzungen um die Deutung des 8.5.1945 haben bereits zehn Jahre nach der bahnbrechenden Rede zum Kriegsende, die Bundespräsident Richard von Weizsäcker 1985 gehalten hatten, deutlich gemacht, dass gemeinsame Erinnerungen an Ereignisse der kollektiven Vergangenheit die Bürger eines Staates nicht automatisch einen müssen. Im Gegenteil: Manche Auseinandersetzungen der letzten zehn Jahre um Formen, Inhalte und Anlässe des Gedenkens haben in Deutschland, wie auch in anderen Industriegesellschaften, immer wieder heftige geschichtspolitische Kontroversen angestoßen. In diesen Deutungskonflikten ging es nicht immer darum, was ein »angemessenes Gedenken« sei, sondern um die Erörterung der Spannungen zwischen der vergangenen Wirklichkeit und ihrer Deutung, zwischen Fakten und Vision. Viel häufiger aber ging es um eine historisch verbrämte, im Kern politische Auseinandersetzung, die den Streit um die Erinnerung zum Mittel rhetorischer Zuspitzung machte. Es ging sehr oft um historisch-kulturelle Hegemonie, um die »Besetzung der Geschichte« durch politische Kontrahenten. Dabei zeigte sich, dass es in der Regel nicht um selbstkritische historisch-moralische Reflexion, sondern um Identitätsstiftung ging.

Manche der historischen Auseinandersetzungen wurden von der internationalen Öffentlichkeit sehr kritisch beachtet. So in den achtziger Jahren, als manche Deutsche an die Geschichte der Vertreibung erinnerten, sich als Opfer des alliierten Bomberkrieges empfanden, Massenvergewaltigungen thematisierten oder die »Auschwitzkeule« (Martin Walser) beklagten, die geschwungen würde, um die NS-Vergangenheit nicht vergehen zu lassen. Es wurde sogar behauptet, wegen der damit verbundenen Generationskonflikte »dürfe« sie nicht vergehen (Ernst Nolte).

Diese Kontroversen haben Spuren im Bewusstsein der Deutschen hinterlassen, die erklären, weshalb immer wieder heftig über die angeblichen Zwänge der *Political Correctness* diskutiert und unter Berufung auf die Meinungsfreiheit gefordert wird, man werde eine angeblich tabuisierte »Tatsache« ja doch wohl ungestraft beim Namen nennen dürfen. Nicht selten beanspruchen die Wortführer der selbst ernannten Tabubrecher, dass ihre Meinungen die Meinungen der Bevölkerungsmehrheit seien. Solcher Größenwahn spiegelt vielleicht das Quotendenken erfolgreicher Talkshows, nicht aber den Anspruch, Ansichten und Meinungen ernsthaft kritisch zu überprüfen.

In den fünfziger Jahren gab es viele Deutsche, die fest davon überzeugt waren, Geschichtsbilder spiegelten die Interessen der Siegermächte. So offen wie in den Achtzigern, wo öffentliche Debatten schließlich auch die allgemeine Gesprächskultur beeinflussten, wurde damals noch nicht diskutiert. Vom Historikerstreit führte schließlich ein unmittelbarer Weg zur Debatte um die Thesen Thilo Sarrazins und die Parolen der Pegida-Bewegung, die immer wieder gegen die vermeintliche deutsche »Kriegsschuldlüge«, den angeblichen deutschen Selbsthass oder die geschmähte »Lügenpresse« Stellung bezieht.

Nicht selten wirkten die Reaktionen des Auslandes auf den deutschen Streit zurück, wie die Auseinandersetzungen über ein »Zentrum zur Vertreibung« oder die Diskussion über alle Opfer nationalsozialistischer Gewaltherrschaft zeigten. Schon deshalb bleibt die Bewertung des Geschichtsbewusstseins der Deutschen, ihres Geschichtsverständnisses, ihrer Erinnerungskultur und ihres Willens zum Gedenken von großer Brisanz. Nicht weniger Interesse finden im Ausland Äußerungen zum angeblichen deutschen Verdrängungswillen.

Gewiss: Deutschland lebt im Schatten seiner Vergangenheit, auch nach dem Umbruch von 1989, der die Ansicht nährte, mit dem scheinbaren Ende der Nachkriegszeit könne eine Historisierung und damit eine Relativierung der deutschen Zeitgeschichte vor 1945 beginnen. Aber das war so neu nicht, schon früher wurde oft versucht, das Ende der Nachkriegszeit herbeizureden – gleichwohl machten Diskussionen und Reaktionen überdeutlich, dass die Auseinandersetzung mit dieser Geschichte das politisch-moralische Selbstverständnis der Deutschen weiterhin prägte.

Gerade deshalb drängt es sich auf, die spezifischen Bemühungen der Deutschen, ihre Vergangenheit zu verstehen und zu klären, aufmerksam im Blick zu halten. Schon so manche Zeitgenossen wollten das Ende des Ostblocks als Zäsur interpretieren, welche die Nachkriegszeit endgültig beendete, doch machte spätestens die *Goldhagen-Debatte* knapp zehn Jahre danach jedem klar, dass dies ein Trugschluss war.

Wie sollte das auch anders möglich sein? Siebzig Jahre nach dem Ende des Zweiten Weltkriegs sind viele seiner verheerenden Auswirkungen in Osteuropa immer noch spürbar. Angesichts der unglaublichen Zerstörungen, welche die nationalsozialistische Besatzungsherrschaft den osteuropäischen Gesellschaften zugefügt hatte, und angesichts der anschließenden Unterwerfung unter den sowjetischen Machtbereich handelt es sich bei diesen Kontroversen um die deutsche Geschichte nicht um banale »Politikfolgen«-Bewältigung. Hier geht es um die Frage, wie sich das 20. Jahrhundert mit seinen Chancen und Katastrophen, mit seinen Hoffnungen und seinem Leid in Deutschland auf eine angemessene Weise in das Bewusstsein der Nachlebenden rücken lässt – was immer »angemessen« im Einzelfall bedeuten mag.

Diese Frage berührt den Kern des 27. Januar, der ohne vorausgehende intensive öffentliche Diskussion zum »Tag des Gedenkens an die Opfer des Nationalsozialismus« erklärt wurde. Seinen Geltungsbereich über die Geschichte des NS-

Lagersystems hinausweisen zu lassen, sollte Erinnerungen an andere Ereignisse der deutschen Zeitgeschichte, die mit der Geschichte der NS-Zeit zusammenhängen, ins Gedenken einbeziehen. Die Frage blieb jedoch, an welche historischen Ereignisse, an welche Opfer und an welche Spätfolgen der Verfolgung und Vernichtung erinnert werden sollte. Für Relativierungen ist in integralen Gedenkansätzen kein Platz. Deshalb bot die heikle Frage, welche Ereignisse an den Rand der kollektiven Erinnerung rücken (und damit an den Rand des öffentlichen Gedenkens), eine wichtige Chance, sich höchst unterschiedliche individuelle Leidenswege bewusst zu machen.

Der Begriff »Opfer« des Nationalsozialismus ist ebenso vielschichtig wie vieldeutig – das zeigten viele frühere Auseinandersetzungen um Denkmäler, Museen, Gedenkstätten, Inschriften und Symbole der vergangenen dreißig Jahre. Diese Vieldeutigkeit auszusprechen, war eine große Leistung von Bundespräsident Richard von Weizsäcker, dessen Rede zum Kriegsende im Mai 1985 exemplarisch für die Denkmuster integralen Erinnerns steht. Deutlich wurde in der öffentlichen Reaktion, was zu vermuten stand, dass keine historische Zäsur die Deutschen im 20. Jahrhundert so stark beschäftigt und geschichtspolitisch geprägt hatte wie das Jahr 1945. Kein Zeiteinschnitt hatte sie in den vergangenen drei Jahrhunderten in ihren ganz persönlichen Lebensverhältnissen tiefer beeinflusst als gerade dieses Jahr der Niederlage und Befreiung. Es verkörperte nicht nur eine weltgeschichtliche Zäsur, sondern markierte durch Gefangenschaft, Vertreibung und frühen Notjahre der Nachkriegszeit einen tiefen persönlichen Lebenseinschnitt.

Die Erinnerung an diesen Tag musste so unausweichlich zur Herausforderung für das Gedenken der Nachlebenden werden. Zwar sollte sich im Gedenken die Vielfältigkeit der Schicksale, die Gleichzeitigkeit widersprüchlichster Stimmungen, Ängste, Hoffnungen spiegeln. Die Befreiung der

Konzentrationslager, die Rettung der Häftlinge, die zu Todesmärschen gezwungen und so dem Tod preisgegeben wurden, steht deshalb neben der Erinnerung an Plünderungen und Vergewaltigungen, an Gefangenschaft und Verschleppung, an Internierung und Vertreibung. Wer sich die Vielfalt von Leidens-, Ausgrenzungs- und Verfolgungserfahrungen bewusst macht, wird den Wahrheitsgehalt erkennen, den Vaclav Havel im Sinn hatte, als er in der Umbruchphase von 1989 daran erinnerte, der Riss, der Täter und Opfer trenne, durchschnitte den Menschen, denn dieser sei zu allen Zeiten beides gewesen.

Integrales Gedenken muss vielfältige Erfahrungen reflektieren und vielschichtige Perspektive erschließen. Welthistorisch betrachtet bedeutete die Kapitulation der deutschen Wehrmacht die Befreiung von der nationalsozialistischen Herrschaft und damit von einer schrecklichen Zukunft. Aber sie zog auch die Teilung des Landes und den Verlust der Heimat in den deutschen Ostgebieten nach sich. Nach einer Übergangsphase unter alliierter Herrschaft begann eine vierzigjährige Geschichte deutscher Teilung. Während in den Westzonen bis 1948 die Grundlage für einen parlamentarischen Verfassungsstaat geschaffen worden war, unterstützte die sowjetische Militäradministration den Aufbau einer Parteidiktatur. Millionen Deutsche flüchteten in den folgenden Jahren in den Westen – die Wunde der Teilung ging tief und vernarbte nur langsam. Die Deutschen konnten dies nur akzeptieren, weil sie die Teilung ihres Landes als Konsequenz eines Krieges deuteten, der von deutscher Seite entfesselt worden war und im Völkermord an den Juden kulminierte, als dessen Symbol »Auschwitz« galt. Vor dem Leiden der Juden erhielt jeder andere Schrecken dieses von Deutschen entfesselten Krieges ein anderes Maß. Zugleich spiegelt sich in jeder Erinnerung die Ambivalenz des Gedenkens.

1945 war ja niemals allein eine Zäsur deutscher Zeitgeschichte – das liegt auf der Hand –, sondern ein tiefer Einschnitt für die gesamte Geschichte Europas. Dieses Jahr markiert den unwiderruflichen Untergang einer Ordnung, die tief in der europäischen Geschichte verwurzelt war. Volksgruppen, die noch im 19. Jahrhundert nebeneinander in einem Gemeinwesen lebten, sind infolge der menschenverachtenden Übersteigerung des Nationalismus im Zweiten Weltkriegs vertrieben, aufgerieben und entwurzelt worden. Das Nationalstaatsprinzip, das dem 19. Jahrhundert entstammte und reiche Frucht trug, wurde im 20. Jahrhundert in zwei Weltkriegen, in Revolutionen und Bürgerkriegen pervertiert. So bereitete es den Boden für seine eigene Überwindung und für die Idee der europäischen Integration. Sie wurde nur möglich, weil der Wunsch, einen Ausgleich nationaler Interessen durch Verhandlungen und nicht durch Kriege herbeizuführen, den Begriff der »nationalen Interessen« relativierte und politisch immer weniger tauglicher erscheinen ließ. Er sah blass aus und inhaltsleer und verschärfte bestehende Gegensätze, anstatt sie einem Kompromiss zuzuführen.

Das Jahr 1945 wurde so zum Synonym für eine Tragödie, die mit der Geschichte der Nationalstaaten begonnen und durch den Nationalsozialismus ihren Kulminationspunkt erlebt hatte. Alle Versuche, die Bedeutung der Zäsur 1945 zu erfassen, können von diesen weltgeschichtlichen Voraussetzungen und Zusammenhängen nicht absehen. Wegen seiner offensichtlichen Vielschichtigkeit musste das Jahr 1945 in seiner möglichen Bewertung durch die Mitlebenden und Nachgeborenen umstritten sein. In der Nachkriegszeit konnte nämlich die Beurteilung dessen, was auf den Zusammenbruch folgte, niemals eindeutig und schon gar nicht einhellig sein. Deshalb blieb für die einen eine »Niederlage«, was für die anderen eine »Befreiung« war. Der eine dachte an Flucht, Vertreibung, Gefangenschaft und Teilung, der andere an die Rettung seines Lebens, an seine Freisetzung aus der Haft oder aus dem KZ, an die Befreiung von der nationalsozialistischen Willkür, an die Befreiung vom Terror der letzten Kriegswochen.

Viele Jahrzehnte blieb diese Ambivalenz spürbar, die das Ende des Zweiten Weltkriegs in seiner kaum zu erfassenden Unterschiedlichkeit bedeutete. Diese Ambivalenz hat ihren Grund in der Geschichte selbst, die sich niemals auf einen einzigen Strang historisch-politischer Erfahrungen oder auf eine einzige, allgemeine oder gar verbindliche Empfindung reduzieren lässt. Weil diese Schwierigkeit, sich entscheiden zu müssen, eindeutigen Bewertungen im Wege stand, sprachen einige Zeitgenossen bald neutral von der »Kapitulation« oder von der »Stunde null« der deutschen Nachkriegsgeschichte. Andere betonten den Beginn einer »Restauration«, während Dritte immer wieder bekräftigten, das Jahr 1945 sei der Anfang einer Neuordnung, ein »Neubeginn«. Diese unterschiedlichen Bewertungen verstärkten sich im Zuge der Teilung Deutschlands und Europas, weil der Gegensatz zwischen den Systemen Ost und West, der sich schon bald nach Kriegsende abzeichnete, auch historisch durch den Rückgriff auf geschichtliche Legitimationsmuster gerechtfertigt werden sollte.

Wer den Begriff der »Stunde null« verwendet, setzte sich nicht nur dem Vorwurf aus, er weiche der Frage nach der Kontinuität deutscher Geschichte im 20. Jahrhundert aus. Er machte auch deutlich, dass dieses Jahr den Anfang einer anderen, glücklicheren Geschichte verkörperte. Denn der neuerliche Versuch der Deutschen, nach dem Scheitern der Weimarer Republik und der Befreiung von der nationalsozialistischen Diktatur zum zweiten Mal eine stabile Demokratie zu schaffen, konnte den Begriff der »Stunde null« als Metapher einer radikalen Neuorientierung der Deutschen durchaus rechtfertigen. Wer den Begriff der »Neuordnung« bevorzugte, vernachlässigte allerdings bewusst das Kontinuitätsproblem, denn mit der bedingungslosen Kapitulation der deutschen Wehrmacht war nur der NS-Staat untergegangen, nicht aber die deutsche Gesellschaft. Menschen, die im Kaiserreich sozialisiert worden waren, prüften die sich aus der

Niederlage entwickelnden neuen Verhältnisse, ohne sich ganz von überkommenen Wertvorstellungen zu befreien. Im Rückblick aus den siebziger und achtziger Jahren wurde deutlich, dass die »Stunde null« die entscheidende Weichenstellung für die Verwestlichung der Bundesrepublik geworden war. Aber die Kontinuität der politischen und gesellschaftlichen Eliten stellte auch eine Bürde da, die im Laufe der folgenden Jahrzehnte nur langsam im Zug der nachwachsenden politischen Generation durch die Zeitläufe korrigiert wurde. Die These von der Neuordnung verdunkelt die Bemühungen um eine langsame Veränderung der grundlegenden Wertstrukturen, die nicht zuletzt auch mithilfe der politischen Bildung gelang.

Weizsäckers Rede 1985 wurde sofort zu den großen politischen Reden der deutschen Geschichte gezählt. Sie wirkte nachhaltig, klärte und versöhnte zugleich. Das konnte sie deshalb, weil sie versuchte, ein bis dahin geradezu unversöhnliches Verständnis von Zeitgeschichte als »Geschichte der lebenden Generation und ihrer Deutung« (Hans Rothfels) aufzubrechen. Sie verwies bereits auf den Historikerstreit, eine geschichtspolitische Auseinandersetzung, die seit Ende 1984 tiefe Gräben hinterlassen hatte. Weizsäckers Rede zeigte, dass es nicht um die Besetzung von Begriffen ging, sondern um die Verdeutlichung von Unterschieden in der Erinnerung. Er forderte auf, Vergangenheit nicht nur aus der eigenen Perspektive zu sehen, sondern mit den Augen des Andern, des leidenden Zeitgenossen und mit denen der anderen europäischen Gesellschaften.

Worin die große Wirkung dieser Rede lag, ist oft erörtert worden. Ohne Zweifel gelangt es ihr, unterschiedliche Erfahrungen und Perspektiven zu integrieren und den Blick auf sehr unterschiedliche Stimmungen zu lenken, je nach der Lage, in der sich die Menschen – und keineswegs nur die Deutschen – nach 1945 befanden. In den Jahrzehnten zuvor hatte man sich auch an das Kriegsende erinnert, aber diesen Tag nicht in den Mittelpunkt geschichtspolitischer

Auseinandersetzungen gerückt. Denn zunächst blieb die Erinnerung der meisten Deutschen durch die Erfahrung von Niederlage, Vertreibung und Teilung Deutschlands geprägt.

Weizsäckers Rede gilt als Ausdruck eines pluralistischen Geschichtsbewusstseins, weil sie einlädt, sich eigene, höchst persönliche Erfahrungen zu vergegenwärtigen, ohne die Erfahrungen anderer zu relativieren, und sie auf die welt- und nationalhistorischen Zeitläufe zu beziehen. Dies versöhnte die meisten Zuhörer. Sie fanden sich und Ansätze ihrer eigenen Lebensgeschichte in dieser Rede wieder. Zugleich aber gelang es Weizsäcker, den Blick seiner Zuhörer auf das Leiden anderer zu lenken. Gerade dies relativierte die oftmals lebensgeschichtlich isolierten und so verabsolutierten Erfahrungen und Deutungen der – Plural! – Vergangenheiten. Gerade der folgende Kampf um die Deutung der Vergangenheit im Historikerstreit bestätigte die Bedeutung von Weizsäckers Rede – sie versöhnte, ohne zu spalten, und söhnte auf diese Weise viele der Deutschen und der Europäer mit ihrer persönlichen Leidensgeschichte und der politischen Vergangenheit aus.

Damit veränderte sich der Begriff des »Opfers«, des Individuums, das sich Politik, Krieg und Übermächten ausgeliefert sah. Im Begriff des Opfers spiegeln sich vielfältige Realitäten der Verfolgung. Diese vielfältigen Realitäten wollen angesprochen werden, will man nicht der individuellen Relativierung in der Erinnerung jener Vorschub leisten, die sich – wie zum Beispiel Vertriebene – ebenfalls als Opfer des Krieges und der NS-Zeit fühlen, weil sie an Leib, Leben und Besitz Folgen verbrecherischer Politik zu tragen hatten. Die menschliche Erinnerung muss immer und unausweichlich Gleichzeitiges bewältigen. In ihr verbindet sich, was unmittelbar nach dem Kriege nachwachsende Generationen getrennt haben oder sogar verdrängen wollten, um sich nicht dem Vorwurf der »Aufrechnerei« auszusetzen.

Immer wieder werden die Folgen einer lebensgeschichtlichen Parzellierung von kollektivgeschichtlich wichtigen

Ereignissen in politisch brisanten Debatten über das Verhältnis von Schuld und Verantwortung, Vergehen und Verbrechen, Ursachen und Folge sichtbar. Bis heute – um ein Beispiel zu nennen – sind Verwerfungen in den deutsch-tschechischen Beziehungen seit der Zwischenkriegszeit nicht gelöst. Über die gewaltsame Vertreibung Deutschstämmiger als Kollektivschicksal zu sprechen, fällt vielen Tschechen augenscheinlich bis heute schwer, obwohl mit der Trennung von Lebens- und Regimegeschichte ein Ausweg offen stünde, individuelles Leid von Deutschen nicht in eine kollektive Entschuldigung deutscher Verbrechen münden zu lassen. Und von der deutschen Seite zu fordern, die Verfolgung und Vertreibung aus Böhmen nicht offen anzusprechen, diese also, wie es heißt, zu »beschweigen«, würde unausweichlich eine reaktive Debatte provozieren, die an das Verfolgungsgeschehen, das Deutsche traf, erinnern *wollte*.

Wer die Erinnerung an die Vertreibung von Deutschen aus Ost- und Ostmitteleuropa im Zusammenhang mit dem Gedenken an die Opfer des Nationalsozialismus zu wecken versucht hat, setzte sich der Kritik derjenigen aus, für die die Vertreibungsopfer keine NS-Opfer waren, sondern zu den für die NS-Verbrechen verantwortlichen Tätern zählten. Zwar rückte so die dramatische und bewegende Leidensgeschichte auch dieser Menschen, die Unrecht erlitten haben, in das öffentliche Bewusstsein, aber verbunden mit dem – unangemessenen – Vorwurf der Relativierung, auch wenn es nicht um eine kollektive Wertung geht, sondern persönliche Leidensgeschichte.

So gesehen ist der 27. Januar als umfassender Gedenktag eine besondere Herausforderung für Erinnerungsvermögen, Erinnerungskraft und den Erinnerungswillen der Deutschen und ihrer Nachbarn: Denn der Wille zum umfassenden Rückblick, zur Vergegenwärtigung des Vergangenen, zur Würdigung des Zurückgelassenen entspricht einem menschlichen Grundgefühl, doch wird dieses Grundgefühl durch gruppenspezifische Verengungen und Reduzierungen menschlicher Empathiefähigkeit beeinflusst und geprägt.

Gerade weil am 27. Januar der Völkermord an den europäischen Juden nicht zum alleinigen oder vorrangigen Erinnerungsbezug gemacht wurde – die häufig zu lesende Bezeichnung »Holocaust-Gedenktag« deutete diese Verengung an –, gelang es, die Gesamtgeschichte der Verfolgung bewusst zu machen. Insofern konnte dieser umfassend begriffene Gedenktag das Gedenken auf eine neue Grundlage stellen. Er konnte das integrale Leidens- und Opferverständnis stärken und die Summe der vielen Leiden, die historisch miteinander verbunden, aber lebensgeschichtlich viel stärker isoliert sind, vor die Augen der Nachlebenden rücken. Politisch Verfolgte, aus kulturellen Gründen Vertriebene, aus rassenpolitischen Gründen Entrechtete, Deportierte, Vertriebene, Verschleppte, KZ-Häftlinge, politische Häftlinge, Kriegsgefangene – sie alle verkörpern auf ihre Weise einen Aspekt der Leidensgeschichte im 20. Jahrhundert.

Mag es in der individuellen Betrachtung von Leid vorrangig um die eigene Person, die eigene Gruppe und das eigene Deutungsmuster gehen, so sollte man doch von jedem durch Unrecht Bedrängten die Fähigkeit zur Empathie erwarten, also ein Ereignis mit den Augen eines anderen wahrnehmen zu können. Wer sich nicht vorstellen kann, was ein Häftling in einem Vernichtungslager durchleiden musste, weil sein Schmerz durch die Erfahrung eines Flächenbombardements geprägt ist, kann nicht erwarten, dass der rassisch Verfolgte die Angst des Bombenopfers begreift, umso weniger, als sich das Leiden des Einzelnen an der doppelten Front von Bomben und Gestapo überlappen kann.

Wer sich ganz auf seine Erinnerung an Vertreibung und Verschleppung konzentriert, ohne Mitgefühl für diejenigen aufzubringen, die als Gegner des NS-Staates Deutschland verlassen mussten, wird kaum die Möglichkeit haben, glaubhaft zu machen, dass es ihm auch wichtig ist, seine eigene

Lebensgeschichte in den Rahmen europäischer Vertreibungen einzuordnen. Wer sich dem Erinnerungsschmerz an seine eigene Kriegsgefangenschaft hingibt, aber das Mitgefühl für die sowjetischen Kriegsgefangenen, die millionenfach dem Tod preisgegeben wurden, vermissen lässt, wird nicht davon ausgehen können, dass Zeitgenossen, die Mitleid mit ihm empfinden *können*, dieses Gefühl auch zeigen *wollen*.

Die Parzellierung der Leidenserfahrungen führt so zu einer nicht selten gewollten, ja sogar demonstrativen mentalen Blockade des Mitgefühls. Die Kehrseite dieser Blockade, die einer Verweigerung des erinnernden Mitempfindens gleichkommt, ist eine ganz bewusst vorgenommene Verengung des Gedenkens, die nicht mehr tröstet, sondern verletzt und nicht selten als eine Form »fanatischen Gedenkens« wahrgenommen wird. Allgemein scheint zu gelten, dass der Wille zum Mitleiden-wollen und -können beim Menschen vergleichsweise schwach ausgebildet ist. Dennoch muss man akzeptieren, dass sich im Gedenken auch die Vielfältigkeit der Erfahrungen zu spiegeln hat. Deshalb kann Gedenken wohl niemals einmütig und auch nicht einhellig sein.

Das 20. Jahrhundert war eines der Weltkriege, Revolutionen und Krisen. Es gab Rückschläge, enttäuschte Hoffnungen, Ideologisierungen und Menschenrechtsverletzungen. Aber daneben sind gelungene Versuche politischer Neuorientierung Ausdruck politischer Hoffnung, demokratischer Reife und einer kollektiven Selbstkorrektur. Politische Erfolgsgeschichten stehen neben Rückschlägen. Widersprüchlichste und verworrenste Lebensgeschichten müssen gleichzeitig betrachtet, gewürdigt, verstanden und gedeutet werden: Man wird sich gewiss an die Entrechtung der Juden, an ihre Enteignung und Deportation und an den Völkermord an den Juden erinnern, wenn man zurückschaut; man wird sich aber auch in das Gedächtnis rufen, was daneben für die ganze Unüberschaubarkeit dieses Jahrhunderts steht: Terror und Verfolgung; daneben Flucht und Vertreibung, langjährige Kriegsgefangenschaft,

Verschleppung und Benachteiligung. Und gewiss wird dabei nicht allein der Blick auf die deutsche Geschichte fallen, die einen tiefen Zivilisationsbruch verkörpert, sondern es werden die Leidens- und Entrechtungsgeschichten auch anderer Völker und Staaten ins Bewusstsein rücken. Sie erinnern an die Möglichkeiten des Menschen – im Guten wie im Schlechten. Sie machen nachdenklich, zurückhaltend, bescheiden und sich selbst gegenüber hoffentlich misstrauisch.

6 Eichmann und Auschwitz-Prozess – Zäsuren der Aufarbeitung Gerichtstag der Deutschen über sich selbst

»*Man will von der Vergangenheit loskommen, ...*« [wer hätte diese Regung nicht schon einmal in sich gespürt? Selbst Adorno bestritt das Recht zu dieser Regung nicht] »*... weil unter ihrem Schatten gar nicht sich leben lässt, und weil des Schreckens kein Ende ist, wenn immer nur wieder Schuld und Gewalt mit Schuld und Gewalt bezahlt werden soll.*«

Die entscheidende Frage war 1945 deshalb nicht, wie sich der Einzelne von seiner Geschichte zu lösen vermochte, sondern wie erreicht werden konnte, dass sich die ganze deutsche Mitläufer- und Tätergesellschaft ihrer eigenen Vergangenheit stellte, um vielleicht die Möglichkeit zu bekommen, in den »Kreis der zivilisierten Nationen« zurückzukehren.

Die »Neigung moralisch Anspruchsloser«, die zeitgeschichtliche Vergangenheit in Meinungen aufzulösen, stand der Tendenz zum Vergessen und Verdrängen entgegen. Dies hatte bereits Bundespräsident Theodor Heuss bei der Einweihung des Denkmals in Bergen-Belsen beklagt und die Frage gestellt, wie man es in Deutschland erreichen könne, dass Bürger, die deutsche Gesellschaft und die Vertreter deutscher Politik die Konfrontation mit der vergangenen Wirklichkeit, der Realität des Völkermords an den europäischen Juden, aushalten könnten. Denn die Neigung, wegzuschauen, war in den fünfziger Jahren unübersehbar. Als Ziel und Inhalt damaliger »Vergangenheitspolitik« (Norbert Frei) galt der Versuch, durch das »Beschweigen der Vergangenheit« (Gesine Schwan) eine Integration der Belasteten in das politische und gesellschaftliche System zu erreichen. So wurde Willfährigkeit innerhalb des NS-Unrechts- und Militärstaates zu Gehorsam, gar »Eidtreue«, und somit zur Tugend verbrämt. Über die Verbrechen, die die Nationalsozialisten seit Beginn ihrer Herrschaft zielstrebig verfolgten, um sie schließlich in einem als Weltanschauungs- und Rassenkrieg geführten Weltkrieg zu erreichen, wurde hingegen selten gesprochen – und wer es tat, galt als »Nestbeschmutzer«. Adorno brachte diese Erfahrung auf den Begriff. »Im Hause des Henkers« könne man kaum »vom Strick« reden.

Es ist oft beklagt worden, dass die Auseinandersetzung mit den nationalsozialistischen Gewaltverbrechen zu spät einsetzte und nicht konsequent betrieben wurde, dass Angehörige der Rechtsprechung, der höheren Verwaltung, der Polizei, des Gesundheitswesens und der Wehrmacht nicht angemessen zur Verantwortung gezogen worden sind, dass sie ihre Karrieren fortsetzten oder in der Wirtschaft, an den Universitäten und den Medien neue beginnen konnten. Die Deutschen nicht nur mit den nationalsozialistischen Gewaltverbrechen, sondern auch mit ihrer Kriegsschuld zu konfrontieren, verlangte Konsequenz und Mut, denn die Mehrheit bildeten jene Zeitgenossen, die sich selbst zu entlasten wussten, indem sie weiterhin die vergangene Realität der rassenideologisch begründeten »Makroverbrechen« in Meinungen auflösten. Abhilfe konnte in der Zeit der inneren Verhärtung jedoch nur die unmittelbare Konfrontation mit dem Verbrechen bringen. Deshalb musste das »Gnadenfieber«, das in den fünfziger Jahren überall spürbar war, mühsam in Gerichtssälen überwunden werden, wo es um Tatsachen ging und nicht mehr um Meinungen.

Dass dies gelang, war der Erfolg von wenigen Menschen, die sich quer zu den Stimmungen ihrer Zeit stellten und der Forderung nach Amnestie und dem verbreiteten »Gnadenfieber« widerstanden. Dieser Wunsch entsprang nicht etwa Rachegefühlen, sondern der Überzeugung, dass eine in Verbrechen verstrickte Gesellschaft »über sich selbst zu Gericht sitzen« und so die historische »Selbstaufklärung« engagiert betreiben müsse. Unter ihnen befanden sich einige Juristen, die es unerträglich fanden, dass Angehörige früherer Eliten die Vergangenheit zu verzerren und sich zu entlasten versuchten, indem sie behaupteten, »heute« könne nicht Unrecht sein, was »damals« als Recht geholten hätte. Es ist im Rückblick erstaunlich, wie sich dennoch einzelne couragierte Aufklärer durchsetzten konnten und von dem Stigma des Nestbeschmutzers nicht lähmen ließen. Sie ließen kein »Gras« über das Dritte Reich »wachsen« und hofften auch nicht auf die »heilende Wirkung der Zeit«.

Wie stark die Vorbehalte der Gestrigen waren, wird deutlich, wenn sogar noch heute Deutsche immer wieder der zeitgeschichtlichen Realität des Völkermords ausweichen. Dabei handelt es sich um eines der am besten und gründlichsten erforschten Gebiete der Zeitgeschichte. Der Wille zur Aufklärung der Untaten hatte allerdings klare Begriffe zu Voraussetzung. Nichts macht dies abermals so deutlich wie der Umgang der Deutschen mit den nationalsozialistischen Gewaltverbrechen. Jahrzehnte lang sprachen viele von »Kriegsverbrechen« und redeten sich ein, die systematisch betriebene Selektion von Menschen, ihre Deportation und Gettoisierung, schließlich ihre Vernichtung in Tötungsanlagen sei vergleichbar mit Exzessen, die jeder Krieg doch unausweichlich mit sich bringe.

Robert M. W. Kempner gehörte zu den Persönlichkeiten, die dem »Gnadenfieber« widerstanden. Als junger Regierungsrat in der Weimarer Republik hatte er früh kennengelernt, was die Nationalsozialisten meinten, wenn sie von der »Legalisierung der Rache« sprachen. Der Blick auf Verfolgung und Entrechtung, Unterdrückung und Rechtsbruch bestimmte sein Leben. In der Emigration bewahrte er sich den Blick auf Deutschland, nicht, weil er an dieses Land gekettet gewesen wäre, sondern vor allem, weil er die Nationalsozialisten verachtete. Er beriet die amerikanische Regierung und bekam schließlich eine wichtige Stellung bei der Vorbereitung eines internationalen Strafverfahrens. Kempner hatte Listen der Angeklagten zu erstellen, ihre Verantwortlichkeiten zu rekonstruieren, nach Beweisdokumenten zu suchen. Immer wird man die Entdeckung des Protokolls der Wannsee-Besprechung vom 20.1.1942 und die Durchführung des Kriegsverbrecherprozesses gegen hohe Diplomaten mit seinem Namen verbinden.

Eine besondere Leistung Kempners bestand darin, die Neigung zum Schlussstrich, die in den frühen fünfziger Jahren mancher Politiker und Publizist pflegte, immer wieder erfolgreich in die Defensive zu drängen. Das »Gnadenfieber« der alten Elite, die er im Zusammenhang mit den Nürnberger Nachfolgeprozessen kennengelernt hatte, forderte ihn heraus und mobilisierte zugleich seine Hilfsbereitschaft gegenüber allen Verfolgten. Er wurde zum verlässlichen und treuen Helfer in Wiedergutmachungsverfahren, blieb zugleich ein unerbittlicher Verfolger der Rechtsbrecher. Wenig konnte ihn so erregen wie die Lüge vom Befehlsnotstand. Besonders wichtig war ihm die Bestrafung der Mörder des jungen Felix Fechenbach, des Sekretärs von Kurt Eisner, der im August 1933 in einem Wald bei Scherfede auf dem Weg von Detmold ins Konzentrationslager Dachau angeblich »auf der Flucht« erschossen worden sei, tatsächlich aber hinterrücks ermordet worden war.

Kempner meldet sich immer zu Wort, wenn es darum ging, die deutschen Nachkriegsgesellschaften – wohlgemerkt in Ost wie West – vor ihrer Flucht in die Beliebigkeit des historischen Urteils, der leichtfertigen Selbstentlastung und der politischen Verantwortungslosigkeit zu bewahren. Nur wer Verantwortung für seine Verbrechen empfand, konnte sich mit der Vergangenheit auseinandersetzen. Bewältigen ließ sich die Geschichte nicht. Aber man konnte sich ihr stellen. Deshalb gehört Kempner zu den Weichenstellern der Diskussion über die deutsche Geschichte im 20. Jahrhundert. Die Brüchigkeit dieser Zivilisation hatte er in doppelter Hinsicht erfahren – durch seine Eltern, die die Schrecken der bolschewistischen Revolution erlebten, durch seine eigenen Erfahrungen mit einem Regime, das sein Herrschaftsprinzip auf den Satz brachte, »Mensch ist nicht gleich Mensch, Recht ist nicht gleich Recht«. Kempner trat für die Würde eines jeden ein, der Menschenantlitz trug. Und er hoffte auf alle, die in der Lage sein würden, die Koordinaten ihrer Moralität aus der Konfrontation mit der Zeitgeschichte abzuleiten.

Die Deutschen mussten gezwungen werden, sich ihrer Vergangenheit zu stellen. Das konnte nur gelingen, wenn die Realität des Völkermords an den Juden Europas aus dem Dunstkreis der Meinungen, in die sich über den deutschen Stammtischen die Wirklichkeit aufzulösen schien, herausgeholt wurde. Dieses Ziel hatte sich auch der junge hessische Generalstaatsanwalt Fritz Bauer, selbst ein Verfolgter und in die Emigration Getriebener, gesetzt. Er hatte aus seiner politischen Überzeugung heraus und als politisches Signal bereits 1953 einen Prozess gegen den Rechtsextremisten Ernst Remer in Braunschweig geführt, weil dieser die Widerstandskämpfer im Umkreis von Stauffenberg als Landesverräter bezeichnet hatte. Für Bauer aber war klar, dass Hitler als der »wahre Verräter« Deutschland zu gelten hätte.

Nicht einmal zehn Jahre nach dem Nürnberger Strafverfahren der Alliierten gegen die »Hauptkriegsverbrecher« und den mehr als zehn Nachfolgeprozessen (gegen Wehrmachtsspitze, Bankiers, Ärzte, Diplomaten und Nationalsozialisten, die das Vernichtungssystem personifizierten) wurde mit dem Eichmann-Prozess in Jerusalem die Wirklichkeit des NS-Staates und des systematisch betriebenen Völkermords an den Juden der Weltöffentlichkeit sichtbar gemacht. »Hätten wir von den 10,3 Millionen Juden 10,3 Millionen Juden getötet, dann wäre ich zufrieden und würde sagen: gut, wir haben einen Feind vernichtet.« Mit diesem Satz bestätigte Adolf Eichmann Jahre vor seiner Hinrichtung am 31.5.1962 in Ramla, dass er zu Recht als einer der wichtigsten nationalsozialistischen

Schreibtischtäter vor Gericht gestellt worden war. Denn der von ihm wahnhaft vorangetriebene Völkermord an sechs Millionen europäischen Juden hatte ihm rückblickend offenbar nicht gereicht. Zu viele hatten in seinen Augen überlebt.

Eichmann wollte das vielleicht wichtigste Kriegsziel der Nationalsozialisten, die »Endlösung« der Judenfrage, mit allen Kräften verwirklichen. Dabei war er, ein kleiner Oberregierungsrat, in einer vergleichsweise mittelmäßigen Position. Ihm ging es nicht um Hierarchien, sondern um die Erfüllung der ihm zugedachten Funktionen im Vernichtungssystem. Er hatte eine Schlüsselposition, denn er wurde zum wichtigen Koordinator des Völkermords. Dabei verstand er sich ausdrücklich nicht als Befehlsempfänger. »Dann wäre ich ein Trottel gewesen.« Nein, er war ein Gesinnungstäter und empfand sich als »Idealist«, als Verbrecher mit reinem Gewissen, als Personifizierung eines »Anstands«, denn Heinrich Himmler 1943 in seiner berühmten Posener Rede beschworen hatte.

Als ein von seiner Gesinnung ebenso angetriebener wie, in seinen Augen, gerechtfertigter Verbrecher war Eichmann gewiss nicht »banal«, so wie das Böse niemals banal sein kann. Banalität hat Hannah Arendt ihm persönlich wie auch den von ihm zu verantwortenden Verbrechen niemals bescheinigt. Eichmann war ein Getriebener des Rassenwahns, ein Triebtäter.

Eichmann war auch kein »Mittäter«, der mildernde Umstände beanspruchen konnte, wie sie vielen der moralisch anspruchsloseren Zeitgenossen zugebilligt wurden. Er verdiente kein Mitleid in seiner demonstrierten Kleinbürgerlichkeit. Er war ein Verbrecher, und er wusste es. Das zeigte sein Verhalten nach 1945. Denn Eichmann tauchte unter, schlug sich als Waldarbeiter und Kleinlandwirt durch, wechselte mehrfach seinen Namen, ehe er mithilfe katholischer Kreise und des Roten Kreuzes unter dem Ricardo Clement nach Südamerika entkam, wo er im deutschen Daimler-Werk Arbeit fand. Dass er entdeckt wurde, verdanken wir einem Überlebenden, dessen

Tochter auffiel, dass Eichmanns Sohn weiterhin in den Juden das Unglück der Welt sah. Lothar Herrmann, Überlebender des NS-Terrors, informierte Fritz Bauer, der, immer furchtlos, 1957 erstmals die israelische Regierung informierte.

Bis heute ist unklar, weshalb drei Jahre vergingen, ehe der israelische Geheimdienst zugriff. Gerüchte wuchern seitdem wild. Ob der Bundesnachrichtendienst wirklich Einfluss nahm – irgendwann wird es herauskommen. Fest steht: Als Eichmann am 11.5.1960 in einem Vorort von Buenos Aires festgenommen und anschließend nach Israel entführt werden konnte, begann eine neue Ära der juristischen Auseinandersetzung mit nationalsozialistischen Gewaltverbrechen. Der Prozess schockierte und bremste die Deutschen aus, die unverdrossen einen Schlussstrich forderten und sich ihrem Begnadigungsfieber hingaben.

Unerheblich ist, ob die Entführung völkerrechtswidrig war. Das Verfahren machte allen die Dimensionen des Verbrechens deutlich, die ein Referatsleiter im Reichssicherheitshauptamt, zuständig für »Räumungsangelegenheit und die Reichszentrale für jüdische Auswanderung« verüben konnte. Dass seine Verbrechen exemplarisch vor das Auge der Weltöffentlichkeit gerückt werden konnten, war das Verdienst des israelischen Generalstaatsanwalts Gideon Hausner. Ihm ging es nicht um einen kurzen Prozess, sondern um die Konfrontation mit einem Massenverbrechen in allen Dimensionen: Einsatzgruppenmorde, Vernichtungslager, die Logistik des Mordens, die Präparierung der Opfer – alles dies kam zur Sprache, wurde ans Licht geholt und gilt seitdem zweifelsfrei als Tatsache. Zugleich bereitete Hausner den Boden für weitere Nachfolgeprozesse.

Der Eichmann-Prozess zeigte, dass die NS-Führung keinen Verteidigungs- und keinen Hegemonial-, sondern einen Rassenkrieg führte, der seit 1942/1943 ihre Kriegsziele bestimmte. Das letzte Ziel dieses Krieges war die völlige Ausrottung des europäischen Judentums. Hätte man Eichmann nur als Verwaltungsmassenmörder anklagen wollen, wäre es ein kurzer Prozess geworden. Immer aber ging es in Jerusalem um mehr, weil im Mittelpunkt des Prozesses die industriemäßig betriebene Massentötung in allen Einzelheiten stand. Niemand sollte in Zukunft dieses Verbrechen bezweifeln, niemand sollte mehr die Singularität des Völkermords infrage stellen können.

Der Eichmann-Prozess war nach den Nürnberger Prozessen die vielleicht wichtigste Etappe im Kampf um die historische Wahrheit und bereitete die späteren NSG-Verfahren vor (NSG bedeutet in der Sprache der Juristen »Nationalsozialistische Gewaltverbrechen«). Eichmanns Zeitgenossen – Täter, Zuschauer des Völkermords – sollten sich seitdem endgültig schwertun, die Unterschiede zwischen Verbrechern und »normalen« Deutschen, Schuldigen und angeblich Unschuldigen zu verwischen. Irgendwann, hatte Arendt 1944 befürchtet, werde niemand mehr in Deutschland wissen, ob man einem »heimlichen Helden« oder einem Massenmörder gegenüberstehe. Dass es so nicht kam, ist eine Folge dieses Verfahrens, das Israel seit dem 11.4.1961 auf sich nahm. Betroffen von Verbrechen waren, auch dies wurde deutlich, immer die Opfer. Verantwortlich blieben stets die Täter. Insofern gehörten beide zusammen.

Der Eichmann-Prozess hatte Anfang der sechziger Jahre deutlich gemacht, welche Wirkung Gerichtsverfahren haben konnten, wenn man den Menschen den Weg zum historischen Selbstbetrug verstellen wollte. Bauer entschied sich in der Vorbereitungsphase der deutschen NSG-Strafverfahren gegen Angehörige des Lagerpersonals von Auschwitz bewusst dafür, den Gesamttatbestand des »industriell betriebenen Massenmordes« aufzuklären. Er rückte die Wirklichkeit der Vernichtungslager vor das Auge und entlarvte den NS-Staat unausweichlich als verbrecherisch. Vor dem so ermittelten Hintergrund stellte sich die Frage nach der Schuld der Täter und Mitläufer neu, wurde der Widerstand gegen den Nationalsozialismus neu bewertet, erschien der NS-Staat unzweideutig als »Unrechtsstaat«. Bauer fällte eine richtige Entscheidung, als er den Auschwitz-Prozess so vorbereitete, dass der gesamte Verbrechenskomplex der Vernichtungslager ausgeleuchtet wurde.

Nun war es den Deutschen endgültig nicht mehr möglich, ihrer Geschichte auszuweichen. Historische Gutachten, Zeugenbefragungen, Selbsterklärungen der Angeklagten zeichneten ein nicht mehr zu leugnendes Bild von der Realität des Völkermordes. Die Täter stritten die Berichte der Zeugen über die Lagerwirklichkeit, die drakonischen Strafen, die medizinischen Experimente, die Selektionen auf der Rampe unmittelbar nach der Ankunft der Züge in Auschwitz-Birkenau nicht mehr ab. Sie versuchten lediglich, die eigene Verantwortung zu schmälern und so ihre Schuld abzustreiten. Sie beriefen sich auf einen eingebildeten »Notstand« (Putativnotstand) und knüpften Selbstentlastung an Selbstentlastung, denn die Deutschen redeten sich oftmals ein, zu Untaten unter Lebensgefahr gezwungen worden zu sein.

Der Auschwitz-Prozess war auch eine Zäsur der Wahrnehmungsgeschichte. Die deutsche Gesellschaft wurde auf eine Weise mit der Realität der nationalsozialistischen Gewaltverbrechen konfrontiert, die das Bild von der Zeitgeschichte völlig umstürzte. Dies zeigte sich wenige Jahre nach dem Prozess, nämlich als 1965 im Bundestag die Frage anstand, ob die Verjährung von Mord aufgehoben werden sollte. In einer großen politischen Debatte des Bundestags wurde entschieden, dass es keine Verjährung geben konnte. Dramatiker wie Peter Weiss, Zeithistoriker wie Wolfgang Scheffler, Künstler und Filmemacher wie Eberhard Fechner fundierten diesen Wandel des Geschichtsbildes. Filme rüttelten auf, Fernsehserien über das Dritte Reich entfalteten ihre Wirkung, in der Literatur wurden zeitgeschichtliche Themen immer häufiger auf eine selbstkritische, den Leser befragende Weise behandelt.

So legte der Auschwitz-Prozess die Grundlage für eine intensive Auseinandersetzung mit der NS-Vergangenheit, die dann auf eine ganz andere, aber politisch-kulturell tief wirkende Weise die Studentenbewegung prägte. Allerdings ist es falsch, wenn immer betont wird, die Studentenbewegung hätte die Auseinandersetzung mit moralischen und ethischen Grundfragen der Zeitgeschichte angestoßen und entscheidend eine neue »humane Orientierung« (Ralph Giordano) der deutschen Gesellschaft bewirkt. Heute wird nicht mehr daran gezweifelt, dass sich der Protest der »Achtundsechziger« nicht ursächlich an einer Auseinandersetzung mit der NS-Zeit entzündete. Eher nutzten manche der politisierten Studenten den Geschichtskonflikt, um die Legitimität des liberalen Verfassungsstaates und die Moralität der älteren Generation infrage zu stellen. Geschichtskontroversen wurden so zum Instrument des Generationenkonflikts. Was etwa, so fragten sich bald manche, hat die These, dass der Kapitalismus zum Faschismus führe, mit der Realität des Völkermords zu tun? Dies umso weniger, als sich gerade in der Studentenbewegung bereits früh ein Antizionismus zu artikulieren begann, der sich nicht nur gegen Israel richtete, sondern an die antikapitalistischen Momente eines Antisemitismus anknüpfte, wie er bis weit in die achtziger Jahre hinein in manchen sozialistischen Staaten gepflegt und ausgetragen wurde.

Der Auschwitz-Prozess veränderte die deutsche Gesellschaft nachhaltig und schuf die Voraussetzungen für die Wahrnehmung der nationalsozialistischen Gewaltverbrechen als »Menschheitsverbrechen« (Karl Jaspers). Sie sollten nicht politisch genutzt werden, sondern für den unbestreitbaren und nun tagtäglich zu beobachtenden Verlust humaner Maßstäbe zeugen. Für Relativierungen der Vergangenheit war nach dem Frankfurter Auschwitz-Prozess, der vor fast fünfzig Jahren begann, zunehmend weniger Raum. Die Realität des Völkermords, die Vernichtung von Schuld- und Wehrlosen, war nun nicht mehr zu bestreiten oder »in Meinung aufzulösen« (Hannah Arendt).

Revisionistische Gerüchte, von unbelehrbaren Rechtsextremisten vertreten, brachen nun endgültig in sich zusammen. Weil in den Ermittlungsverfahren in der Vorbereitung der Gerichtsverfahren alles versucht wurde, die vergangene Wirklichkeit aufzuklären, war es nur konsequent, später die »Auschwitz-Lüge«, die Leugnung der Verbrechen des Völkermords, unter Strafe zu stellen. Denn diese Verirrung und Verwirrung der Geister quälte und beleidigte nicht nur diejenigen, die mit der Erinnerung an NS-Gewaltverbrechen leben mussten, sondern auch jene, die diese erforscht und zum Gegenstand der Gerichtsverfahren gemacht hatten. Sie verstellten den Deutschen endgültig den Weg in Selbstmitleid und Relativierung.

Von »Kollektivschuld« redeten nach dem Prozess bald nur noch jene, die mit diesem Begriff die öffentliche Stimmung verwirren und historisch-politische Maßstäbe humaner Orientierung verletzen wollten. Die Menschen, die den Prozess in den Medien verfolgt hatten, wussten doch längst, dass sich ihre Verantwortung vor allem auf ihre von ihnen persönlich zu verantwortende eigene Auseinandersetzung mit der Zeitgeschichte bezog.

Diese Konfrontation hatten die Nachlebenden in der Hand. Sie begründete die Verantwortung für die eigene Geschichte. Und diese hatte Fritz Bauer zum Exempel erhoben. Er scheiterte allerdings bei einem ähnlich breit angelegten Strafverfahren gegen Ärzte, Psychiater und Angehörige von Krankenhäusern und »Heilstätten«, die sich zynisch als »Pflegepersonal« bezeichneten, weil sie an der Ermordung Kranker und Behinderte beteiligt waren. Dieses Verbrechen zu ahnden – dazu schien die deutsche Gesellschaft Ende der sechziger Jahre noch immer nicht bereit und fähig zu sein.

»Grafeneck« – dieser Name steht ähnlich wie »Auschwitz« für einen Komplex nationalsozialistischer Verbrechen. Es handelt sich dabei um eine von sechs »Pflege- und Heilanstalten«, die zu Mordanstalten wurden. Der Name wurde vor wenigen Jahren noch einmal durch einen Kriminalroman bekannt, der allerdings der historischen Wirklichkeit nicht entspricht, sondern lediglich – was ja auch nicht schlecht ist – die Neugier jüngerer Menschen zu wecken vermag. Im Jahre 1940 fanden in Grafeneck wie in anderen »Tötungsanstalten« Verbrechen statt, die die menschliche Vorstellungskraft bis heute fast übersteigen.

Der Name der auf der Schwäbischen Alb gelegenen ehemaligen Heilstätte und Bewahranstalt »Grafeneck« ruft die Schrecken einer Mordaktion ins Gedächtnis, die nicht nur zum Tod von fast 11.000 hilfsbedürftigen Menschen führte, sondern insgesamt mehrere hunderttausend Opfer zählte. Die Bedeutung einer Auseinandersetzung mit der »Euthanasie-Aktion« liegt darin, dass zu allen Zeiten eine starke Tendenz in Gesellschaften verbreitet war, unheilbar Kranke angeblich von ihren »Leiden« zu erlösen. Heute verbindet sich diese Bereitschaft mit Vorstellungen von Sterbehilfe und von genetischen Voruntersuchungen Ungeborener und zeigt, dass das grundsätzliche Problem, über das Leben anderer zu verfügen oder Eugenik zu bejahen, virulent geblieben ist. Es geht also bei der Auseinandersetzung mit der »Mordaktion« an angeblich »Geisteskranken« um die Grenzen gesellschaftlicher »Selbstermächtigung« (Michael Wildt).

Die Euthanasieaktionen leiteten den systematisch betriebenen Massenmord ein. Deshalb müssen sie mit der »Endlösung der Judenfrage« in Verbindung gebracht werden. Kranke wurden in den Anstalten durch Selektionen zur Tötung bestimmt, sie wurden nicht selten in einer »Gaskammer« ermordet, die Leichname in Krematorien verbrannt. So gehören diese Anstalten zu den Vernichtungseinrichtungen, die wie die »Vernichtungslager« nur einen Zweck hatten: Menschen zu töten und deren Körper zu vernichten. Insgesamt fielen den Ermordungsaktionen »T 4«, »14f13« und weiteren insgeheim betrieben Mordaktionen etwa 200.000 Kranke zum Opfer. Ihre Tötung wurde als »Gnadentod« – Euthanasie bedeutet so viel wie »Guter Tod« – bezeichnet. Dies macht deutlich, wie diabolisch die Nationalsozialisten ihre »Menschheitsverbrechen« (Karl Jaspers) unkenntlich zu machen versuchten.

Als Berliner Dienststellen im Rahmen der T-4-Aktion auf der Suche nach einer geeigneten Tötungsanstalt waren, schlug das Stuttgarter Innenministerium Grafeneck als zentrale Sammelstelle für die Opfer vor. Das ehemalige Schloss würde »für Zwecke des Reiches« beschlagnahmt. Aus etwa vierzig Heimen des südwestdeutschen Raumes sollten die selektierten Kranken hierher überführt werden. Einstmals eingerichtet, um Kranken zu helfen, sie zu pflegen und zu schützen, wurde die Anstalt Grafeneck im Jahre 1940 zum Ziel »grauer Busse«, die Furcht und Schrecken verbreiteten, mit verängstigten und hilflosen, also schutzbedürftigen Menschen. Viele von ihnen ahnten, was auf sie zukam. Einer von ihnen schmuggelte mit einem Keks eine Nachricht hinaus, die Hilfslosigkeit und Wehrlosigkeit spiegelte und zugleich deutlich machte, dass die Opfer wussten, was ihnen geschah: »Mörder«.

Die Hilfsbedürftigen und Wehrlosen sollten ermordet werden, weil ihre Erkrankung als eine Belastung der öffentlichen Finanzen galt. »Mental behinderte Menschen«, wie wir heute sagen, galten als nicht arbeitsfähig und wurden deshalb geradezu zynisch, zumindest gedankenlos, als nutzlose Esser, als »Ballastexistenzen« bezeichnet. Die Mordaktion ließ sich nicht geheim halten. Gerüchte wurden laut, Unruhe entstand, Zweifel an der Erklärung plötzlicher Todesfälle wurden offen geäußert und alarmierten die NS-Oberen, unter ihnen Himmler. Proteste von Eltern, von Geistlichen wie Theophil Wurm und dem Bischof von Münster Clemens von Galen zeigten den Nationalsozialisten, dass nicht alle Deutschen dem Nützlichkeitsdenken erlegen waren und die verklärenden Lügen nicht abnahmen. Die ermordeten Schwachen und Kranken wurden von vielen Angehörigen geliebt.

Unter dem Eindruck der Gerüchte über die Krankenmordaktionen macht sich bald auch die Befürchtung breit, dass bald auch schwerbeschädigte Kriegsopfer »euthanasiert« würden. Denn auch sie konnten nicht arbeiten und galten als deshalb als »Ballast«. Manche Opfer dieses Verbrechens haben inzwischen nicht nur ein Gesicht bekommen. Mit der Erforschung ihrer Lebensgeschichte, die man vor allem in Brandenburg systematisch mit der Erforschung der Anstalten verband, wurde dieses Verbrechen ganz konkret vor das Auge gerückt. Auch der Kampf der Angehörigen hegen die Verbrechen wird deutlich. Einer schrieb an die Anstaltsleitung: »Gott wird auch mal der rechte Weg für sie finden.« Hier drückt sich das feste Vertrauen auf die Strafe für ein Menschheitsverbrechen aus, die geahndet werden müssen.

Erstmals waren derartige Überlegungen während des Ersten Weltkriegs von Karl Binding und Alfred Hoche, Freiburger Hochschullehrern, angestellt worden. Mit einer gemeinsamen Arbeit über »die Freigabe der Vernichtung lebensunwerten Lebens« hatten sie sich zwei Jahre nach dem Ende des Ersten Weltkriegs gegen die Pflege von Schwerstkriegsbeschädigten und unheilbar Kranken gerichtet und sich dafür ausgesprochen, deren Tötung straffrei zu lassen. Später kamen Vorstellungen von der »Züchtung« oder »Aufnordung« von Menschen hinzu. In der internationalen Diskussion wurden neue Begriffe geprägt. Sie verwirrten die Geister und fanden schließlich Eingang in Schulbücher. So wurden die Kosten für die Pflege unheilbar Kranker, die zuweilen sogar als »Blöde« bezeichnet wurden, den Kosten für Arbeitslosenunterhalt gegenübergestellt.

Eugenik war ein damals weitverbreiteter Begriff, der auf die Abwehr von »Volkserkrankung«, auf die angebliche Festigung der »Volksgesundheit« zielte und von den Nationalsozialisten in eine aktive und passive »Rassenpflege« differenziert wurde. Diese Vorstellungen richteten sich bereits sehr früh gegen Juden, denen durch die Nürnberger Gesetze untersagt wurde, »Arier« zu heiraten oder mit Ihnen Geschlechtsverkehr beziehungsweise überhaupt Umgang zu haben. Aus dem Sozialdarwinismus hatte sich eine menschenverachtende Rassentheorie entwickelt und wurde von der Vorstellung überformt, dass der Stärkere ein größeres, ja ein »unbedingtes« Lebensrecht hätte. Die Ermordung von Behinderten wurde nun als Recht des Stärkeren gedeutet. Insofern war der Boden für die Mordaktionen bereitet, die die Nationalsozialisten mit dem Beginn des Zweiten Weltkriegs nicht nur planten, sondern einleiteten.

Zentren der »Geisteskrankenmorde« waren über Deutschland verstreut. Grafeneck, das ehemalige Jagdschloss der württembergischen Landesherren, wurde zum Vorbild für andere Tötungseinrichtungen, die in Brandenburg bei Berlin, Bernburg bei Magdeburg, Hadamar bei Frankfurt/Main, Sonnstein/Pirna bei Dresden und Hartheim bei Linz entstanden. Das Personal, das die ersten Tötungen in Grafeneck vornahm, begegnet uns bei anderen Mordaktionen wieder. Wir finden Beteiligte in Treblinka und Sobibor und schließlich – wie den Büroleiter von Grafeneck und Hartheim Christian Wirth – als Lagerkommandanten von Belzec oder – wie Horst Schumann – als Lagerarzt in Auschwitz. Die Namen der großen Vernichtungslager haben sich im Unterschied zu dem Vernichtungslager Auschwitz-Birkenau aber zu keiner Zeit in das kollektive Gedächtnis der Deutschen eingegraben. Aus dem Begriff, der ein heimtückisches Verbrechen bezeichnet, wurde als eine historische Metapher, die das Schreckliche verklärte, obwohl sie eine Einheit mit den Verbrechen des Völkermords an den Juden und an den Sinti und Roma bilden.

Es dauerte viele Jahrzehnte, bis die Erinnerung an die »Geisteskrankenmorde«, wie man lange sagte, als gesellschaftliche Verpflichtung und als Auftrag zum Gedenken angenommen wurde. In Grafeneck fand im Jahre 1979 erstmals in Erinnerung an den 40. Jahrestag der Beschlagnahme des ehemaligen Jagdschlosses Grafeneck durch die Gestapo ein

Gedenkgottesdienst statt. Aus diesem Anstoß erwuchs mit der Zeit eine Gedenkstätte von exemplarischer Bedeutung. Sie gilt als wichtiger Bezugspunkt südwestdeutscher »politischer Kultur« und wird heute nicht nur von der Landesstiftung Baden-Württemberg, sondern auch von der Landeszentrale für politische Bildung mitgetragen.

Inzwischen sind weitere Erinnerungsorte entstanden, die das Netz der Verbrechen an Kranken und Behinderten sichtbar machen. Vor der Berliner Philharmonie befindet sich eine Gedenktafel, die inzwischen zu einer Freilichtausstellung erweitert wurde, denn vor der Zerstörung des Gebäudes in der Tiergartenstraße 4 wurde von hier aus die Vernichtung der Opfer dieser Mordaktion »14f13« organisiert und koordiniert. An anderen Mordstätten erinnerte hingegen erschreckend lange nichts an die rassenideologisch begründeten Verbrechen.

Inzwischen hat sich die Einstellung der Öffentlichkeit gegenüber Behinderungen gewandelt. Dennoch machen Diskussionen über Sterbebegleitung und Sterbehilfe, über Patientenverfügungen und das angebliche Recht auf den eigenen Tod deutlich, dass dieses Thema nach wie vor umstritten ist. Und ein Philosoph, der von Menschenzüchtung und einem Menschenpark spricht, verursacht aufgeregte Diskussionen, nicht selten einen Skandal, ebenso wie eine Schriftstellerin, die Retortenbabys als »Halbwesen« bezeichnet. Nichts zeigt die Virulenz und Nachwirkung der Krankenmorde so deutlich wie die Reaktionen auf diese Äußerungen.

7 Die Realität der Untaten – sichtbar gemacht

Heute wird oft und gern Nietzsche zitiert, um mit ihm zu belegen, dass das Vergessen wichtiger sei als die Erinnerung. Meistens behaupten dies Menschen, die vergessen wollen, dies nicht, weil ihre Erinnerungen zu sehr schmerzen, sondern weil sie sich ungern an Verletzungen erinnern wollen und können, die anderen zugefügt wurden. Unbestreitbar ist, dass es sehr schwer ist, mit den Erinnerungen an eigenes Leiden zu leben. Der Wille der Nachlebenden, einen Teil dieser Erinnerung mitzutragen, kann manchmal heilsam sein. Das zeigt auch die Erinnerung an das Leiden der Verfolgten, die Opfer nationalsozialistischer Gewaltherrschaft geworden sind. Ebenso schwer müsste es für die Täter sein, die Verantwortung für Untaten zu übernehmen, die in nationalsozialistischer Zeit verübt wurden, indem Mitmenschen »mit bestem Gewissen« zu Gegenmenschen erklärt wurden.

Wer sich als Täter erinnert, muss über die Voraussetzungen des eigenen Fehlverhaltens nachdenken. Weil diese Erinnerung schwer lastet, reagiert der Täter mit Verdrängung. Er braucht denjenigen, der ihn nicht vor sich selbst entkommen lässt und ihn zwingt, es mit sich selbst, wie Hannah Arendt schrieb, »auszuhalten«. Deshalb muss er erinnert werden. Vergessen wäre keine Leistung, keine Trauerarbeit. Auch das lässt sich mit Nietzsche belegen, der den Streit zwischen Selbstbewusstsein und Gewissen auf den Begriff brachte: »Irgendwann gibt das Gewissen nach.« Viele Wege des Erinnerns und Gedenkens gegen diejenigen, die ihrer Neigung zum Verdrängen erliegen wollen, sind nicht nur mühsam, sondern verlangen Konsequenz und zivilen Mut. Denn oft setzen sich diejenigen, die ihrer Umgebung den Willen zur Erinnerung abverlangen, Anwürfen aus.

Wie wichtig es ist, gegen Widerstände einer Konfrontation mit der Geschichte im Gedenken und Erinnern vorzugehen, machen weniger die großen, Widerhall findenden historischen Kontroversen deutlich, als vielmehr die Erfolge bürgerschaftlichen Engagements, die zur Errichtung einer örtlichen Gedenkstätte führten. Dies war auf beeindruckende Weise spürbar, als Ende April 2011 in einer Gedenkwoche an die Errichtung der KZ-Gedenkstätte Hessental in einem ehemaligen Vorort der bis heute idyllischen, mittelalterlich anmutenden ehemaligen Reichsstadt Schwäbisch Hall erinnert wurde. Berühmt ist Schwäbisch Hall wegen eines der schönsten stadtgeschichtlichen Museen, die es in Deutschland gibt. Hier pflegt man übrigens besonders die Geschichte der einstmals ansässigen Juden und hat eine der ältesten Synagogen in Deutschland teilweise bewahren können. Weithin beachtet wird Schwäbisch Hall wegen seiner Ausstellungshalle für moderne Kunst, wegen der Schutzmantelmadonna, seiner Sommerspiele und einer Replik des Globe-Theaters.

Bekanntheit verdient Schwäbisch Hall aber auch, weil die örtliche KZ-Gedenkstätte im Rahmen dieser eindrucksvollen Kultureinrichtungen einen festen Platz errungen hat. Gedenkhistorisch ist Schwäbisch Hall als eines der wenigen Beispiele bekannt geworden, in denen kommunale Politiker die Erinnerungsinitiative aus der Bürgerschaft aufgenommen haben, ohne diese Bemühung um die Konfrontation mit dem Leiden Verfolgter kleinlichen kommunalpolitischen Streitereien auszuliefern. Denn seit 1996 hatte sich eine bürgerschaftliche Initiative dafür eingesetzt, auf dem Gelände eines KZ-Außenlagers an die »Alltäglichkeit nationalsozialistischen Terrors« zu erinnern. Trauerarbeit nicht als Anklage der anderen, sondern als Einladung, auch über die eigenen Wertmaßstäbe und Verhaltensweisen nachzudenken – das ist die Erklärung einer der wenigen lokalen Gedenkstätten, die im Laufe eines Jahrzehnts im Ensemble der anderen Kultureinrichtungen dieser mittelalterlich anmutenden, geradezu anheimelnden Stadt einen festen Platz gefunden haben.

Unmittelbar neben Bahngleisen gelegen, war dieses Lager niemals den Augen der vorbeifahrenden Zeitgenossen verborgen. Appelle der Häftlinge fanden vor den Augen der Reisenden statt, die auf dem Weg von Crailsheim nach Schwäbisch Hall auch durch den Bahnhof Hessental fuhren. Gerade deshalb wurde das Lager unmittelbar nach dem Krieg aus der Erinnerung des Ortes verdrängt. Gleise, die zu dem KZ geführt hatten, beseitigte die Bahnverwaltung in den neunziger Jahren. Einige Gleise wurden später von der Bürgerinitiative zurückgekauft.

In einem Eisenbahnwaggon, der vor Holzpfählen mit den Namen ehemaliger überlebender oder in der Haft umgekommener Häftlinge als sichtbares Zeichen steht, befindet sich eine Ausstellung, die an die Geschichte des Lagers, vor allem aber auch die Menschen erinnert, die hier die Hölle durchlebten. Zugleich wird der Blick auf die Menschen gelenkt, die wir heute als Täter bezeichnen – ein nicht selten verharmlosendes, viele Wortschichten und Handlungsweisen nivellierendes Wort. Denn hier waren Menschen am Werk, die Mitmenschen, die sie für Untermenschen hielten, aus eigener Initiative quälten und schändeten, Gewalttäter, die offensichtlich zu keinerlei mitmenschlichen Gefühlen fähig waren und sich dennoch nach dem Ende des NS-Staates von willigen Vollstreckern in Mitläufer der neuen Demokratie verwandelt zu haben schienen. Sie wurden zwar vor Gericht gestellt, nutzen aber selbst diese Möglichkeit, um ihr verbrecherisches Tun zu rechtfertigen oder anderen Befehlsgebern die alleinige Verantwortung zuzuschieben. Die ersten Verfahren, die die französische Besatzungsmacht durchführte, überliefern Zeugenaussagen, die in ihrer Eindringlichkeit bis heute nachwirken. Später folgten die Richter deutscher Gerichte zu oft dieser Selbstentlastung und Selbstentschuldigung und erklärten nationalsozialistische

Gewaltverbrecher zu Menschen, die – wenn überhaupt – nur Beihilfe gewährt hätten.

Bürgerinitiativen hatten oft wie die kleine Gruppe in Hessental den Schutt der Erinnerung abzuräumen und denen in den Arm zu fallen, die im wörtlichen Sinne »Gras über die Sache wachsen lassen wollten«. Sie spürten versteckte Überlieferungen auf, Zeugenaussagen aus frühen Prozessen, die die Siegermächte gegen die NS-Täter geführt hatten. Sie lasen nicht nur die Plädoyers und Urteile, sondern vor allem die Zeugenaussagen, die im Zusammenhang mit den Verfahren entstanden waren. Damit erschlossen sie die Überlieferung der damaligen Zeitzeugen und ergänzten sie durch Erinnerungen der wenigen Überlebenden. Diese Überlieferung führte schließlich dazu, dass der Gemeinderat von Schwäbisch Hall sich für die Ziele der Bürgerinitiative einsetzte.

Nach fünfjähriger Auseinandersetzung wurde im April 2001 die KZ-Gedenkstätte eröffnet. Seitdem wird sie von einem Verein betreut und ist so Ausdruck eines nachhaltigen bürgerschaftlichen Engagements. Auf dem Gelände werden die Grundmauern der Baracken und der Wachgebäude angedeutet. Die Mitwirkung der Reichsbahn kommt in der Andeutung des Gleisanschlusses zum Ausdruck. Leitbild der Gedenkstätte ist ein Güterwaggon, den der Verein erwerben und rekonstruieren konnte. In seinem Innern werden die Hohenloher Todesmärsche geschildert. Viele der bis dahin Überlebenden der Außenlager Neckarelz, Kochendorf, Hessental starben nach Misshandlungen. Die Erinnerung an diese Todesmärsche war nur mithilfe der wenigen Überlebenden dieses südwestdeutschen Todesmarsches möglich.

Je weiter wir uns von dem Ende des NS-Staates entfernen, umso häufiger wird die Frage aufgeworfen, wie sich in Zukunft die Auseinandersetzung mit der Zeitgeschichte ohne überlebende Zeitzeugen entwickelt. Eine mögliche Antwort bietet die Ausstellung im Güterwaggon, denn hier werden aus den Strafverfahren Zeugenaussagen vor das Auge der nachlebenden gerückt. Zeitzeugen der Vergangenheit bleiben auch in der Gegenwart rezipierbare Zeitzeugen. Sie sprechen unmittelbar zu uns: »Der erste«, berichtet Alexander Donat, »der fiel, war ein Junge aus Radom. Ein barmherziger Bauer hatte ihm ein Stück Brot gegeben. Er biß hinein, aber er hatte keine Kraft mehr abzubeißen. Unser SS-Mann trat ihn. Aber der Junge bewegte sich nicht. Der SS-Mann zielte mit seiner Pistole auf den Jungen. ›Nur einen Moment‹, bat der Junge, ›lass mich das Brot zu Ende essen‹. ›Was für ein Schwein‹, sagte der SS-Mann empört. ›Ich möchte ihn erschießen, und alles, an was er denkt, ist das lausige Stück Brot zu essen!‹ Der Gefangene aß sein Brot auf und schaute nicht auf. Er schloss die Augen. Die Pistole schoss. Der SS-Mann bückte sich, um zu sehen, ob sein Opfer noch am Leben war. Sein langer Militärmantel öffnete sich ein Stück, und wir sahen, dass er unter seiner Uniform zivile Kleider trug.«

Die Schilderung eines Zeugen seiner Zeit berührt die Nachlebenden auch nach fast siebzig Jahren. Sie macht deutlich: Es liegt an uns, ob wir die Hoffnung der damaligen Zeitzeugen erfüllen, uns die Geschichte ihres Leidens so konkret, als wäre sie unmittelbar erzählt, zu bewahren. Zugleich wird deutlich, dass mit dem Aussterben der Zeitzeugen eine neue Phase der Überlieferung beginnt, denn nun werden die Nachlebenden zu »Zeitzeugen der Zeitzeugen«. In dieser Überlieferung wird die Verwandlung mündlicher Überlieferung – nach der Aussage eines Zeitzeugen in einem Strafverfahren – in eine zeithistorische Aussage sichtbar und zeigt, dass es darauf ankommt, Zeitzeugenschaft in die Zukunft zu tragen. Authentische Zeugenaussagen können die häufige Klage über den Verlust des Zeitzeugen korrigieren.

Bürgerschaftliches Engagement hat in Hessental einen Ort geschaffen, wo die Nachlebenden mit einfachen und eindringlichen Mitteln erkennen können, wie dünn der Firnis der Zivilisation ist, der das menschliche Zusammenleben immer schon unzureichend schützte und bedrohlich schwach war.

Und sie können sich auch die guten wie bösen Möglichkeiten vergegenwärtigen, die in uns stecken und Teil menschlicher Geschichte bleiben. Denn immer wieder wird die selbstkritische Bemerkung Bonhoeffer bestätigt, der seine Freunde daran erinnerte, die eigenen Gefühle und Handlungen mit denen zu vergleichen, die man den Nationalsozialisten zuschrieb und anlastete. So zeigt sich gerade in den Reaktionen Nachlebender gegenüber der NS-Geschichte, dass Ausgrenzung und Unterdrückung Anderer durch die Nationalsozialisten ein Teil der menschlichen Geschichte ist, immer wieder auch Stimmungen evoziert, die uns heute nicht fremd sein dürften.

Vielleicht wird uns so die an sich einfache Tatsache bewusst, dass wir manche Denkvorstellungen, Haltungen, Befürchtungen mit den Nationalsozialisten bis heute teilen, dass wir Phobien haben, zu nationalistischen Bewertungen neigen, dass nicht selten ein offensiv akzentuierter Patriotismus weniger der Bindung an das Eigene dient als vielmehr der Abgrenzung vom Fremden, ja dessen Herabsetzung. Die Nationalsozialisten waren Menschen, auch wir sind Menschen, also gibt es Ähnlichkeiten der Empfindungen und Reaktionen, Überschneidungen der Emotionen, einen erschreckenden Gleichklang mancher Begriffe und Vorstellungen. Und irgendwann wird uns bewusst, dass wir eigentlich alle Kinder Kains sein müssen. »Nichts von dem, was wir im anderen verachten, ist uns selbst ganz fremd.« Und so warnte Bonhoeffer vor den Sogströmungen seiner Zeit.

Wer auch immer versucht, aus Mitmenschen Gegenmenschen zu machen, er sollte sich über die Folgen seiner inhumanen Vorstellungen im Klaren sein und sich öffnen für die Maßstäbe humaner Orientierung, die im Nachdenken über Ausgrenzung, Diffamierung, Verfolgung bewusst gemacht werden können. Das ist es, was uns davor bewahrt, das Vergessen für wichtiger und richtiger zu halten als die Erinnerung!

8 Alltägliche Ausgrenzung – Verfolgung – Entrechtung: Vor aller Augen

Die Vorgeschichte des nationalsozialistischen Rassenantisemitismus ist bis heute ein umstrittenes Feld zeitgeschichtlicher Forschung und entfacht immer wieder geschichtswissenschaftliche Debatten, deren Teilnehmer nicht selten die programmatische Zielstrebigkeit des Nationalsozialismus bezweifeln. Sie liegt jedoch wenn nicht auf der Hand, so doch in der Programmatik der Nationalsozialisten angelegt. Drei Jahre vor der nationalsozialistischen Regierungsbeteiligung und damit lange vor dem Boykott vom April 1933 fand sich in den »Nationalsozialistischen Monatsheften« ein vielfach übersehener anonymer Artikel über *Die Stellung der Juden im Nationalsozialistischen Staat*. In diesem Artikel wurde die geplante Entrechtung der Juden, ihre Verdrängung und schließlich ihre Vernichtung durch Arbeit bereits angekündigt. Der zunächst anonyme Verfasser betonte, kein Nationalsozialist könne Zweifel am Umfang der tatsächlichen jüdischen Vorherrschaft hegen. Aus diesem Grunde konzentriere er sich auf die praktischen Konsequenzen nationalsozialistischer »Judenpolitik« und entwarf ein Zukunftsprogramm. Verworfen wurden zionistische Ziele. Der Verfasser empfand sich als Realpolitiker, der praktische Wege zur bestmöglichen Lösung gegebener politischer Probleme zu finden trachte. Nach der Regierungsübernahme Hitlers wurde er Ministerialrat und konzentrierte sich auf das neue Wehrrecht. Für die Nationalsozialisten war der Kampf gegen die Juden Ausdruck des von ihnen immer betriebenen Rassenkrieges.

Der »Drei-Sterne-Artikel« wurde wenig später noch einmal im »Völkischen Beobachter« abgedruckt und stellt somit die Verbindung zwischen Hitlers Ausspruch, »mit dem Juden gäbe es kein Paktieren, sondern nur das harte Entweder-

Oder«, und dem ersten Judenboykott vom 1.4.1933 her, vor allem aber mit den Nürnberger Gesetzen des Jahres 1935. In diesem grundsätzlichen Sinne ist die Ankündigung des Verfassers zu verstehen, die »völkische Grundidee« solle zukünftig stärker in den Vordergrund nationalsozialistischer Rassenpolitik treten.

Es heißt tatsächlich schon 1930 in diesem Artikel, die Juden sollten »eliminiert« werden. Dies bedeutet nach herkömmlichem Sprachgebrauch, jemanden über die Grenze zu schicken, die Leben und Tod scheidet. Die Bedeutung des »Drei-Sterne-Artikels« über die rechtliche Stellung des »Judentums in der nationalsozialistischen Rechtsordnung« liegt also darin, dass Jahre vor der nationalsozialistischen »Machtergreifung« offen und unmissverständlich ein wesentliches »Endziel« nationalsozialistischer Politik vorgezeichnet wurde. Dies aber macht den Aufsatz zu einem wichtigen Argument der geschichtswissenschaftlichen Debatte über die konsequente Zielverwirklichung nationalsozialistischer Programmpunkte. Mit dem Aprilboykott vom 1.4.1933, dem Arierparagrafen vom 7.4.1933, dem Gesetz zur Verhütung des erbkranken Nachwuchses vom 14.7.1933 und den beiden Nürnberger Rassengesetzen vom September 1935 waren die Juden ihrer bürgerlichen Rechte beraubt. Anschließend wurden sie systematisch aus dem Wirtschaftsleben verdrängt, Betriebe »arisiert«, Vermögen eingezogen, die Berufsausübung und die Freizügigkeit eingeschränkt. Schließlich brannten die Synagogen, es kam zu Massenverhaftungen und Misshandlungen. Was dies im Alltagsleben bedeutete, wurde immer wieder deutlich, vor allem im Oktober 1940, an einem Tag, der weitgehend aus dem kollektiven Gedächtnis verdrängt ist und der besonders geeignet ist, die alltäglichen Voraussetzungen der Verfolgung und Entrechtung deutlich zu machen.

Die vorher nicht bekannt gemachte und deshalb wie ein Blitzeinschlag wirkende Deportation der deutschen Juden aus Baden, der Pfalz und dem Saarland am 22.10.1940 markiert ein Ereignis, das nur wenige der Verschleppten überlebten. Dieses »Makroverbrechen« (Herbert Jäger), machte mehr als 7.000 südwestdeutsche Juden heimatlos, lieferte sie der Willkür von Polizisten, Bewachern und Behörden aus und nahm ihnen endgültig den letzten Rest der nach 1933 systematisch zerstörten Sicherheit.

Die Deportation vom 22.10.1940 ist bedeutsam, weil sie sichtbar macht, dass die Vertreibung und Beraubung deutscher Juden gesellschaftlich weitgehend akzeptiert war, dass nicht nur Nachfragen aus der Bevölkerung ausblieben, sondern dass offensichtlich ein Interesse an der Übernahme von Besitztümern der Vertriebenen existierte, das sich als Zustimmung deuten ließ. Der Staat war schon lange zum Räuber geworden. In den Wochen nach der Deportation wurden viele Deutsche zu Hehlern.

Zu den Ersten, die die Bedeutung dieser Vertreibungsaktion erkannten, gehörten Gerald Reitlinger und Robert M. W. Kempner. Es ist nicht leicht, die historische Bedeutung der Deportation der südwestdeutschen Juden im Zusammenhang der Realisierung des Utopischen, eben der »Endlösung« der Judenfrage, auszuloten. Denn angesichts der millionenfachen Morde, die seit 1941 verübt wurden, relativiert sich eine Aktion, die »nur« 7.300 Menschen betraf, von denen etwa ein Drittel mit dem Leben davon kam. Die Bedeutung dieser Abschiebung liegt vor allem in der Vorbereitung und in der Verankerung im Alltag der betroffenen Gemeinden. Die Machthaber schienen selbst erstaunt zu sein, wie »reibungslos« die Aktion durchgeführt werden konnte, unbehelligt von Protesten ehemaliger Nachbarn und auch ohne jede Auflehnung der Betroffenen selbst. Zu erklären ist das wohl kaum aus der bisher nicht lückenlos rekonstruierbaren Vorbereitung der Aktion durch nationalsozialistische Dienststellen, sondern auch aus der sprachlichen Verdunkelung der Vorgänge durch die beteiligten Personen und Institutionen. Überdies waren bereits viele deutsche Juden emigriert. Schließlich wirkte sich aus, dass durch die offene Versteigerung des zurückgelassenen Besitzes die Gier »ganz normaler Deutscher« angesprochen und befriedigt wurde und dass diese sich damit zu Komplizen des Gewaltverbrechens machen ließen.

Augenfällig ist, dass bereits im Vorfeld der Deportation vom Oktober 1940 die Übertragung des Besitzes der Deportierten akribisch geregelt wurde. Nach der im größeren Stil durchgeführten Arisierung jüdischer Betriebe Mitte der dreißiger Jahre begann eine neue Phase alltäglicher Beraubung, die mit der Bereicherung von »Ariern« einherging. Immer stärker rückten alltägliche Begehrlichkeiten in den Vordergrund. Die »Volksgenossen« konnten Möbel und Textilien mithilfe von Parteistellen, Finanzbehörden und Kommunalverwaltungen preiswert erwerben. In die Versteigerung, die per Zeitungsanzeige angekündet wurde und sich so an eine breite, ohne Zweifel informierte Öffentlichkeit wandte, waren vor allem örtliche Finanzämter und Gerichtsvollzieher, die preiswerter waren als berufsmäßige Auktionatoren, involviert und suggerierten zugleich eine ordnungsgemäße, gesetzeskonforme Übertragung fremden Eigentums.

Die besondere historische Bedeutung dieser nach 1938 zweiten Massendeportation wird beim Vergleich der antijüdischen Maßnahmen deutlich: Zwischen 1933 und 1935 wurden die in Deutschland lebenden Juden zunächst systematisch diskriminiert, verächtlich gemacht, in den nationalsozialistischen Hetzblättern an den Pranger gestellt, im Alltag schikaniert. Diese Art der Ausgrenzung erhielt im September 1935 durch die Nürnberger Rassegesetze eine vermeintlich legislative Grundlage. Immer häufiger musste das Strafrecht herhalten, um Juden aus sozialen Positionen zu beseitigen und zu verurteilen. Die Emigration der deutschen Juden wurde seit 1936/37 forciert und kulminierte im Terror des Novemberpogroms. Mit dem Entzug des Bürgerrechts der deutschen Juden standen diese endgültig außerhalb der für »Volksgenossen« geltenden Rechtsordnung.

Im Herbst 1938 wurden in Deutschland ansässige Juden, deren Staatsbürgerschaft die NS-Führung verneint hatte, erstmals systematisch durch gewaltsame Übergriffe und auf der Basis willkürlich erlassener Verordnungen ohne gesetzliche Grundlage aus Deutschland vertrieben. Damit war eine neue Stufe der Verfolgung erreicht. Denn nach Ausgrenzung und Verfolgung begann mit der Pogromnacht vom 9.11.1938 die Phase langfristig vorbereiteter organisierter Abschiebungen über die Grenzen des Deutschen Reiches. Wenig später verloren Juden, die abgeschoben worden waren, beim Grenzübertritt automatisch alle Eigentumsrechte. Bei der Abschiebung nahmen die deutschen Behörden nicht nur den Tod Hilfloser in Kauf, sondern begannen, ihn bewusst einzukalkulieren, um die seit 1930 immer wieder erörterte »Endlösung der Judenfrage« voranzutreiben.

In den Jahren zwischen 1938 und 1940 hat vor allem der Madagaskar-Plan immer wieder die Fantasien derjenigen angeregt, die auf eine »Endlösung« der Judenfrage hinarbeiten sollten. Da diese Pläne nur einen kleinen Kreis von Entscheidungsträgern in SS und Gestapo betrafen, war die Öffentlichkeit dadurch nicht beeinflusst worden. Der Historiker Eberhard Jäckel hat früh durchschaut, dass die NS-Führung diese Pläne nur wenige Monate lang intensiver erörtert hatte – neben anderen entschlossen auf die Vernichtung der Juden zielenden Planungen. Im September 1940 war endgültig klar geworden, dass wegen des britischen Widerstands der Weg in überseeische Gebiete nicht offen war. Schon gar nicht konnten die von Eichmann statistisch errechneten 6 Millionen Juden per Schiff nach Madagaskar transportiert werden. 6.000 Seetransporte wären mindestens notwendig gewesen. Das war völlig illusionär.

Im Februar 1940 hat man im Zusammenhang mit der Deportation der Stettiner Juden nach Lublin einen anderen Weg beschritten. In den Augen führender Nationalsozialisten gab es zu keiner Zeit eine Alternative zum systematisch betriebenen Völkermord an den Juden, der schließlich nicht nur als Begleitumstand des Rassen- und Weltanschauungskrieges gedeutet werden darf, sondern ein nationalsozialistisches Kriegsziel war.

Die Bedeutung der Deportationen zunächst aus Pommern und dann aus dem Südwesten erschließt sich somit erst im Rückblick auf die bis dahin erfolgten antijüdischen Maßnahmen der deutschen Regierung. Die Vorbereitung der »Judenaktion in Baden und in der Pfalz« schließlich erfolgte von langer Hand und lieferte eine Art Masterplan für künftige Vertreibungen der Juden aus Deutschland. In einem bis zur Durchführung streng geheim bleibenden Erlass vom 15.10.1940 wurden die beteiligten Beamten detailliert instruiert. In den größeren Städten waren Sammelstellen zu bilden, in die die »Festgenommenen« verschleppt werden sollten.

Als »Transportführer« waren Kriminalbeamte vorgesehen, die zusätzlich Schutzpolizisten, Kriminalbeamte oder Gendarmen anfordern konnten. Die Verhafteten seien mit Omnibussen abzutransportieren. Die Transportlisten sollten den beteiligten Polizisten zu einem möglichst späten Zeitpunkt eröffnet werden. Unmittelbar anschließend hatten sie sich zu den Wohnungen der Betroffenen zu begeben, um »ihnen alsdann zu eröffnen, dass sie festgenommen sind, um abgeschoben zu werden«. Innerhalb von zwei Stunden sollten sie ihre Koffer packen. Erwachsene maximal 50 kg, Kinder 30 kg Gepäck mit »vollständiger Kleidung« und jeweils einer Wolldecke, mit Verpflegung für mehrere Tage und Essgeschirr – und abmarschbereit sein. An Bargeld durfte jeder 100 Reichsmark mitnehmen. Alles, was über diese »Freigrenze« hinausging, musste einem Beamten übergeben wurden. Bereits einen Tag nach der Deportation von mehr als 6.500 Juden verfiel das gesamte Vermögen der Ausgewiesenen dem Reich.

Mit Sicherheit hat es sich bei der Abschiebung der Juden aus der Saarpfalz und aus Baden mithin nicht um eine lokale

Aktion gehandelt. Es war eine Art Probe. Angesichts der ausbleibenden Reaktionen wussten die Nationalsozialisten: Es würde keine Komplikationen geben, die Mehrheit der Deutschen würde das Unrecht akzeptieren. Aber es gab auch wenige Ausnahmen: die »stillen Helfer«, die »Gerechten der Völker«, die »stillen Helden«, die sich nicht damit abfanden, wie Menschen aus ihrer Gemeinschaft selektiert wurden. An sie wird in Berlin erinnert: In der Blindenwerkstatt *Otto Weidt* und in der Gedenkstätte *Stille Helden* am Hackeschen Markt. So wird deutlich, dass es Alternativen zur Anpassung, zur Neigung der Angepassten, sich zu bereichern, gab. Diese Gedenkstätten gehören zu den besonders wertvollen Schätzen deutscher Erinnerung an den Zivilisationsbruch.

9 Mahnmale – eine Auseinandersetzung mit dem Nationalsozialismus?

Denkmäler dienen seit Menschengedenken der Erinnerung an Ereignisse, Herrscher und Zäsuren. Sie sollen nicht zuletzt Entbehrungen und Opfer in das Bewusstsein der Nachlebenden rücken, die Menschen für ihr Gemeinwesen gebracht haben. Viele Kriegerdenkmäler halten die Namen derjenigen fest, die ihr Leben »für Heimat und Vaterland« lassen mussten. So künden Denkmäler in der Regel von Daten und Menschen, die, selbst als Opfer, auf eine positive Weise in historische Zusammenhänge eingeordnet werden, und sei es, weil man immer wieder betont, wie wichtig ihr Tod im höheren Interesse des Staates war. Auch die Nationalsozialisten knüpften an diese Tradition des Erinnerungsdenkmals an. Sie nahmen religiöse Formen des Gedenkens auf, etwa, wenn sie in München an die »Blutzeugen« erinnerten, die beim »Marsch auf die Feldherrnhalle«, dem »Hitlerputsch« des Jahres 1923, zu Tode gekommen waren. Sie weihten Fahnen und errichteten tempelähnliche Anlagen, Triumphbögen und Siegeshallen.

Das Ende des »Dritten Reiches« schuf für die Nachlebenden allerdings eine völlig neue Grundlage des historischen Gedenkens. Denn nun rückten Leidens- und Opfergeschichten derjenigen in den Mittelpunkt, die nach 1933 ausgegrenzt, entwürdigt, verfolgt und ermordet worden waren. Die NS-Zeit wurde als ein denkbar negativer Einschnitt der deutschen Geschichte empfunden. Die Niederlage, die viele Zeitgenossen als Zusammenbruch empfanden, war als mentale »Stunde null« Voraussetzung für einen Neubeginn, der nicht nur durch die Last der Zeitgeschichte mit Vertreibung, Flucht und deutscher Teilung, sondern auch durch den Willen zur geistigen »Sammlung« geprägt war.

Sehr früh wurde dabei der Wille sichtbar, sich derjenigen ehrend zu besinnen, die als Opfer des NS-Staates bezeichnet wurden. Erste Denkmäler entstanden unmittelbar nach Kriegsende, von Menschen, die sich als »Antifaschisten« zu erkennen gaben und in dem Bekenntnis gegen den Nationalsozialismus die Grundlage einer neuen moralischen Orientierung sahen. Das Gedenken ging allerdings stets mit Kontroversen einher. Sie verdeutlichten, dass die Deutschen nach 1945 mit der geschichtlichen Tatsache des Zivilisationsbruchs, der viele Namen hatte – Holocaust, Shoah, »Endlösung« –, nicht fertigwurden. An ihnen haftete der Völkermord, der an den europäischen Juden, an den Sinti und Roma verübt wurde, viele andere rassenpolitisch motivierte Verbrechen, die Ermordung von weit über drei Millionen sowjetischen Kriegsgefangenen, von vielen zehntausend Geisteskranken, von ungezählten sogenannten »slawischen Untermenschen«, die während der deutschen Besatzung zu Tode gekommen oder ermordet worden sind. Wie, so fragten sich viele der Überlebenden, soll man sich mit dem Erlebten auseinandersetzen, wie ließe sich das Erlebte verarbeiten, wie für die Zukunft nutzen?

Die Zeitgenossen mussten angesichts einer unbestreitbaren Realität, der im Schatten des Krieges verübten Verbrechen und des Völkermords, mit einer Fülle von Fragen zurechtkommen. Da war die Frage nach der eigenen Verantwortung und Schuld – Voraussetzung jeder Reflexion über Scham und Umkehr, um den Begriff der Buße zu vermeiden. Das historische Versagen lud den Deutschen auch persönliche Verantwortung auf, vielleicht nicht für jeden Toten, für jeden Ermordeten dieser Zeit, aber für den Zivilisationsbruch. »Wie war es«, so fragte man, »wie ist es denn nach dem Aufbruch der Aufklärung, den Höhenflügen des Konstitutionalismus, der Universalisierung der Menschenrechte, der Durchsetzung der Gewaltenteilung, des Rechtsstaates, nach Pazifismus und Humanismus möglich gewesen, dass neben der Emanzipation des Menschen zugleich eine maximale Gefährdung des Menschen in Staat und Gesellschaft möglich geworden war?«

Dazu musste man die Dinge aber erst auf den Begriff bringen. Der Zivilisationsbruch hieß: nationalsozialistische Gewaltverbrechen. Dieser Begriff war erst im Zuge von Strafverfahren gebräuchlich geworden. Lange Zeit bediente man sich des verschleiernden Begriffs »Kriegsverbrechen«, um die Gräueltaten in den Zusammenhang von Kriegshandlungen zu rücken und sie so zu verbrämen und zu verharmlosen. Lange sprach man von Partisanenkrieg (weniger von »Bandenbekämpfung«), wenn man Geiselerschießungen oder das Wüten der Einsatzgruppen vor Augen hatte.

Zunächst erinnerten sich die Deutschen an den Widerstand, in dem sie den Ausdruck des »anderen« und besseren Deutschland erblicken wollten. 1952 wurde bereits eine kleine Gedenkstätte zur Erinnerung an den Anschlag vom 20.7.1944 im Berliner Bendlerblock eingeweiht. Zu diesem Zeitpunkt war nur das »Austauschlager« Bergen-Belsen, das aus einem sowjetischen Kriegsgefangenenlager erwachsen war, eine reine Gedenkstätte. Viele der anderen Konzentrationslager, die es auf deutschem Boden gab, standen für andere Zwecke in Nutzung – als Flüchtlingslager oder Kasernen, selbst als Gefängnisse.

Eine Veränderung trat mit der Umwandlung des KZ Dachau in eine Gedenkstätte Mitte der sechziger Jahre ein. In der DDR hatte man bereits in den späteren fünfziger Jahren begonnen, aus dem KZ Buchenwald eine nationale Gedenkstätte zu machen. Es folgten Ravensbrück und Sachsenhausen. Im Westen Deutschlands wurden die Überreste der Konzentrationslager in Gedenkstätten ganz unterschiedlichen Typs verwandelt. In Berlin entstand in der Wannsee-Villa, wo am 20.1.1942 die »Endlösung« beschlossen und koordiniert wurde, ebenfalls eine Gedenkstätte. Überdies entstand in Berlin ein Ensemble von Gedenkstätten, häufig – wie die »Topographie des Terrors« – aus bürgerschaftlichem Engagement, nicht selten aber auch im Zuge heftiger denkmalspolitischer Kontroversen wie das Denkmal zur Erinnerung an die Ermordung der europäischen Juden neben dem Brandenburger Tor oder das Denkmal für den Hitler-Attentäter Georg Elser.

Mit der Entstehung der Gedenkstätten entwickelte sich eine neue Form der historisch-politischen Bildungsarbeit. Gedenkstätten, die sich auf die NS-Zeit bezogen, sollten keine »Kranzabwurfstellen« werden, sondern Orte einer intensiven Auseinandersetzung mit den Voraussetzungen und Folgen der Ausgrenzung und der Verfolgung des »Anderen«. Denn die Nationalsozialisten »präparierten« ihre Opfer, nicht nur, indem sie diese »definierten«, sondern indem sie bei jenen, die Augenzeugen der Übergriffe wurden, Leere und Fraglosigkeit erzeugten. Darum geht es.

Gedenkstätten sind ein Stachel im Fleisch der Nachlebenden. Dies hatte Bundespräsident Theodor Heuss bei der Einweihung des Denkmals im KZ Bergen-Belsen betont. Deshalb sind sie notwendig und werden als Aufgabe staatlicher Kulturpolitik angesehen. Sie dienen dazu, die Menschen im Rückblick auch das Leiden anderer sehen zu lernen. Dass Krieg und Verbrechen für die Nationalsozialisten zusammengehörten, wollen viele bis heute nicht anerkennen. Sie verweisen auf ihre Stimmungen, Ängste, vielleicht auch Verblendungen. Und sie weichen auf diese Weise der Wirklichkeit aus.

Gedenkstätten und Gedenkstättenarbeit bilden heute eine Einheit. Kein Ort ist nach vielen Jahrzehnten aus sich selbst heraus verständlich. Was er historisch bedeutet, muss sprachlich und pädagogisch vermittelt werden. Wir wissen viel über Gettos und Einsatzgruppen, über Deportationen und Vernichtungslager, über Todesmärsche und die sogenannten »Wehrmachtsverbrechen«. Und weil wir heute vergleichsweise viel wissen, überrascht uns immer wieder der Verlauf öffentlicher Debatten. Sie zeichnen sich in der Regel durch eine Vermengung der Argumentationsebenen aus.

Wenn man sagt, Verbrechen und Krieg gingen für die Nationalsozialisten eine Verbindung ein, dann wird oft durch den Hinweis auf eigene Erfahrungen reagiert. Dabei ist nicht selten ganz offensichtlich, wie im Laufe von Jahrzehnten die Vergangenheit in der Erinnerung vergeht, so wie auch die Erinnerung im Gedenken untergehen kann. Wir lesen und deuten, wie sehen Spielfilme und Dokumentationen, wir verwandeln unsere wirkliche Geschichte nicht selten in ein privatisiertes Bild, das wir uns von der Vergangenheit machen. Anders könnten wir sie nicht aushalten.

Gedenkstätten sind an authentischen Orten entstanden und zwingen die Besucher in der Regel, genau hinzuschauen. Zuweilen brauchen wir bei der Erinnerungsarbeit den Psychoanalytiker, bisweilen den Schriftsteller, den Journalisten, den Dokumentarfilmer oder auch den Spielfilm. Nicht selten braucht man den Staatsanwalt, den Ermittlungsbeamten oder das Gericht. Es gibt auch Fälle, da hilft der Historiker. Gedenkstätten sind wichtige Helfer bei dem Versuch, das Schweigen und die Flucht vor uns selbst als potenziellen Gegenmenschen zu unterbrechen. Denn der innere Konflikt zielt auf Vergessen und Verdrängen. »Du warst es«, sagt das Gewissen. »Das kann nicht sein«, sage ich. Und irgendwann, Nietzsche bemerkte es, kapituliert das Gewissen. Dieser Verdrängung sollen Gedenkstätten entgegenwirken.

Gedenkstätten sind – man kann es nicht oft genug betonen – in der Regel ein Erfolg bürgerschaftlichen Engagements. Zunächst bleiben die Absichten und Ziele umstritten. Fast scheint es, als müsse jeder Versuch, mit der Vergangenheit ins Reine zu kommen, neue Verwirrungen, neue Debatten anstoßen. Sie haben die deutsche Öffentlichkeit unter ganz unterschiedlichem Namen erregt – als Historikerstreit, als Berliner Denkmalsstreit, als Goldhagen-Debatte oder Walser-Rede.

Inzwischen, 25 Jahre nach dem Mauerfall, sind viele Debatten an ihr Ende gekommen. Ob die politische Moral und »Gesittung« gestärkt wurde, ob das Zusammenleben der Menschen zivilisierter, gewaltfreier geworden ist – es lässt sich bezweifeln. Manche Bilder der Vergangenheit werden von gegenwärtigen Schreckensbildern nicht nur überlagert. Sie verblassen. Gedenktage, Denkmäler, pädagogische Bemühungen, Theateraufführungen und Filme können zuweilen neue Akzente setzen, Kontroversen entfachen – die Bedrängnis der Gegenwart mit neuen Massenverbrechen, mit ethnischen Konflikten, Bürger- und Konfessionskriegen können sie nicht in den Hintergrund drängen.

Nach vielen Jahren müssen Versuche, mit künstlerischen Mitteln die nach wie vor größten und historisch einmaligen Verbrechen vor das Auge der Nachwelt zu heben, scheitern, weil andere Verbrechen – sei es der Völkermord an den Armeniern, sei es der Krieg gegen die Kulaken – neues Gewicht bekommen haben. Aber spiegelt diese Akzentverschiebung neben dem Versuch, Verfolgungen und Entrechtungen als Möglichkeit von Menschen und Gesellschaften bewusst zu machen, nicht immer auch den Versuch der Instrumentalisierung und Relativierung? Diese Frage lässt sich nur beantworten, wenn es gelingt, ganz entschieden ein integrales Gedenken und eine integrale Erinnerung zu praktizieren, die sich nicht ideologisch vereinnahmen lässt.

Unbestreitbar ist: Die »Endlösung« der Judenfrage zielte auf einen Völkermord und wurde zum Ersatzkriegsziel einer Nation, das sich zum Exzess der Vernichtung in industriemäßig betriebenen, bürokratisch durchorganisierten Tötungsanlagen steigerte. Aber deshalb sind andere Leidensgeschichten nicht von geringerer Bedeutung. Die unmittelbar Nachlebenden der NS-Zeit taten sich mit Verbrechen schwer, wenn sie nicht selbst zu den Verfolgten gehörten. Aber auch für die Entrechteten wurde die Auseinandersetzung mit der NS-Zeit eine quälende Bürde, solange sie kaum Menschen fanden, die ihnen zuhörten, mit ihnen empfanden, und ihr Leid lindern wollten.

Es gibt kein Gewaltverbrechen, bei dem nicht Zigtausende Hand anlegen und zu Mittätern werden. Aber auch Zuschauer sind verantwortlich, sogar schuldig. Durch unsere Medien wird die Zahl der Zuschauer immer größer, werden an einem Ort der Erde stattfindende Verbrechen im Zuge medialer Globalisierung immer bekannter. Es wird immer schwerer für uns als Zeitgenossen, uns zu entlasten, zu entschuldigen und zu erklären. Keiner, der in den siebziger Jahren gut informiert war, kann durch die Nachricht vom Tode einer aus Tübingen stammenden Studentin, Elisabeth Käsemann, überrascht werden, so wenig, wie durch die Nachrichten von den gewaltsamen Verfolgungen durch lateinamerikanische Juntas oder die Verhöre angeblicher Terroristen in Guantanamo. Wir alle haben von den Foltertechniken des CIA und den Übergriffen russischer Polizisten gehört – wir sind Zuschauer. Vielleicht werden wir uns später einmal ähnlich hilflos erklären, Schuldvorwürfe abwehren, unsere Verantwortung verkleinern, wenn wir nach unserer Wahrnehmung der NSU-Morde gefragt werden, die nun wahrlich keine »Dönermorde« waren.

Geschichte dient nicht als Entlastung, als Klagemauer, als Ablenkung. Seit den sechziger Jahren, unter dem Eindruck des Auschwitz-Prozesses, war nicht mehr zweifelhaft, was »Endlösung« bedeutete. Nun fragte man nach den Begleitumständen und Voraussetzungen und musste damit fertigwerden, dass sich kein massenhafter Protest gegen die Verbrechen geregt hatte. Viele sahen weg, als Protest noch was genutzt hätte. Die drängenden Fragen richteten sich auf die Reaktionen der Deutschen im Alltag. Dabei geht es nicht um Terror und Denunziationen, sondern um die Auseinandersetzung mit Passivität und Bequemlichkeit, mit Feigheit, mit dem Wunsch, wegzuschauen, um nicht anzustoßen.

Also nochmal: Wie konnte es geschehen, dass Menschen aus ihren Wohnungen vertrieben wurden, dass man sie von der Schule vertrieb, dass man ihnen ihren Besitz nahm, sie persönlich mit einem gelben Stern kennzeichnete, zusammentrieb, deportierte und schließlich vertrieb. Wie konnte es geschehen, dass Polizisten, Soldaten, ganz »normale Leute«, zu Mördern wurden und nicht die Kraft zur Befehlsverweigerung hatten?

10 Das Versprechen: Nie wieder

Der »Schöpfer« des Berliner Denkmals für die ermordeten Juden Europas, Peter Eisenman, hat vor fünf Jahren, am 27.8.2010, der Zeitschrift »Junge Freiheit« ein weithin unbeachtet gebliebenes Interview gegeben, das die Befürworter des Denkmals wie einen Tiefschlag empfinden mussten. Dennoch ist dieses Interview bis heute ohne Reaktion verhallt. Ich verstehe sehr gut, dass sich Eisenman in guter amerikanischer Tradition zur Meinungsfreiheit bekennt. Sie ist in den vergangenen Monaten auch durch die Rechtsprechung des Bundesverfassungsgerichts sehr gestärkt worden. So darf sogar ein Rechtsextremist aus dem Gefängnis heraus seine Meinung verbreiten. Die Kehrseite ist allerdings, dass alle, die sich kritisch mit Meinungen auseinandersetzen, gern als »Gutmenschen« oder als Unterdrücker der freien Meinungsäußerung durch ihr angebliches Bekenntnis zur *»Political Correctness«* herabgesetzt werden. Diesem Vorwurf setze ich mich gerne aus. Denn ich halte es für mehr als bedenklich, wenn der Architekt des vielleicht meistdiskutierten Denkmals der Nachkriegszeit die Erinnerung an die Ermordung der europäischen Juden als einen bedeutungsleeren Raum schildert, der beliebige Assoziationen ermöglicht.

Eisenman erweist sich in seinem Interview geradezu naiv als Stichwortnehmer der Neuen Rechten. Damit muss jeder rechnen, der sich auf ein Interview mit der »Jungen Freiheit« einlässt. Das Eisenman-Interview ließ aber nicht nur wegen der von der Redaktion der JF angekündigten »pikanten Einwürfe« aufhorchen – der Stararchitekt distanzierte sich offen von der Annahme, sein Denkmal – mit größtem Aufwand geplant, von jahrelangen Diskussionen begleitet und für eine Millionensumme errichtet – habe nicht Absicht und Sinn, ein Bekenntnis zur Auseinandersetzung mit dem Verbrechen des Völkermords an den europäischen Juden abzulegen und auf eine bewegende, beeindruckende Weise an die Massenmorde zu erinnern.

Denn der amerikanische Architekt, der zugleich in der Funktion eines Bildhauers und Künstlers auftrat, wollte in dem Interview, das seinen Gesprächspartner augenscheinlich überrascht hatte, deutlich machen, dass es sich bei diesem Werk angeblich um ein völlig beliebiges, mit einem beliebigen Sinn zu verknüpfendes Denkmal handele. Dieser Eindruck hatte manche seiner Kritiker bereits vor vielen Jahren beschlichen. Und nicht nur seine Kritiker hatten so empfunden, sondern auch manche Besucher entwickelten ein Gespür für die Beliebigkeit dieser Stelen, die den einen an Gräber, den anderen an Kornfelder, den Dritten an beklemmende Enge erinnerten. Ein Berliner charakterisierte das Denkmal, auf das Stelenfeld blickend, einmal gar als eine Art »Panzersperre«.

Eisenman betonte gegenüber der »Jungen Freiheit«, sein Werk solle »eine normalisierende Wirkung auf den Umgang mit dem Holocaust im Alltagsleben« haben. Offenbar war ihm nicht klar, dass diese Forderung einer »Normalisierung« des Verhältnisses zur Geschichte der NS-Zeit die Auseinandersetzung der Deutschen mit der NS-Zeit immer herabsetzen sollte. Denn der Begriff suggeriert, die Beschäftigung mit der Zeitgeschichte spiegele gleichsam »Unnormalität« und sei Ausdruck eines »Selbsthasses«, der Nationalgefühl zerstöre und den Patriotismus belaste.

Wer »Normalität« im Umgang mit der deutschen Zeitgeschichte fordert, benutzt diesen Begriff oftmals lediglich, um zu suggerieren, dass endlich ein »Schlussstrich« gezogen werden solle. So wird »Normalisierung« zum Synonym für gewollte und bewusste Verdrängung der NS-Zeit aus dem gegenwärtigen Geschichtsbewusstsein. Der Begriff zielt darauf ab, den Deutschen einzureden, die Geschichte erschöpfe sich nicht in einem Ereignis namens Auschwitz. Als wenn das jemals einer behauptet hätte! Hat derjenige, der den Begriff der »Normalisierung« in diesem Sinn verwendet, eine nachvollziehbare Vorstellung von dem, was »unnormal« ist?

Was aber sollte »unnormal« sein? Etwa die Auseinandersetzung mit den Voraussetzungen und Folgen einer kollektiven Verhaltensweise, die auf die Unterdrückung von Mitbürgern aus rassenideologischen Gründen zielte und schließlich die Ausrottung eines ganzen Volkes anstrebte? Etwa die Bestätigung der Meinung, während des Rassen- und Weltanschauungskrieges nur einem Befehl gefolgt zu sein und durch die Mitwirkung an den nationalsozialistischen Gewaltverbrechen eigentlich nur sich selbst geschützt zu haben?

Was mag Eisenman nur gemeint haben, wenn er die Deutschen auffordert, am Denkmal das zu tun, »was ihnen gefällt«? Nimmt er den Ausspruch des damaligen Bundeskanzlers Schröders zu wörtlich, der erklärt hatte, er wolle ein Denkmal, zu dem er »gern gehe«. Oder erkennt er an, was längst geschehen ist? Denn viele Besucher nutzen das Denkmalsgelände inzwischen als eine Art von öffentlichem Erholungsraum. Sie picknicken auf den Stelen, sie versuchen sich zu fangen, springen von Stele zu Stele. Vielleicht ist Eisenman zu einem Zeitpunkt bei seinem Bauwerk gewesen, als junge Leute sich auf den Stelen sonnten, über sie hinweg hüpften oder sich zwischen ihnen versteckten? Glaubt er wirklich, er könne mit diesem Denkmal und durch seine geschichtsvergessene, gegenwartsorientierte und geradezu hedonistische Deutung den Deutschen die angeblich in der Auseinandersetzung mit der NS-Zeit verlorene »Geschichte zurückgeben«, vor allem, wenn das Wort »Auschwitz« kein einziges Mal erwähnt wird? Ist Auschwitz, das Synonym für *den* politischen Zivilisationsbruch, der den Alltag berührt, belastet und zerstört, nicht immer spürbar als Stachel im Bewusstsein? Auch in der Kunst oder in Filmen wie »Heimat« von Edgar Reitz oder in »Das weiße Band«?

Alle, die der Ansicht sind, ein Verbrechen könne nicht im Zentrum nationaler Erinnerung stehen, werden Eisenmans merkwürdigen Ansichten zustimmen. Sie fühlen sich bestätigt in ihrem Unbehagen angesichts dieses Denkmals. Denn wenn Eisenman recht hätte, brauchte man das Denkmal nicht als Zeichen einer Rückbesinnung auf destruktive Möglichkeiten, die in einer Gesellschaft verborgen waren – und vielleicht noch immer sind.

Diejenigen, die das Denkmal erkämpft und durchgesetzt haben, sie müssten sich im Kern getroffen fühlen. Verantwortlich für die Auswahl dieses Architekten, der immer wieder durch zynisch anmutende Diskussionsbeiträge auffiel, sollten sich diejenigen fühlen, die ihn und sein Werk protegiert haben. Und ich werde immer sicherer in meinem Gefühl, dass sie wachsende Zweifel hegen an seiner Ernsthaftigkeit. Vielleicht wurden andere Vorschläge zu rasch verworfen, etwa die Anregung des Theologen Richard Schröder, einen Obelisken zu errichten, der nur das fünfte Gebot enthielt: »Du sollst nicht morden!« Oder den geradezu aufwühlenden Vorschlag von Salomon Korn, eine der sechs Säulen des Brandenburger Tores abzutragen oder zu zerstören, vielleicht, um anzudeuten, welche Lücken unwiderruflich durch den Völkermord entstanden sind. Das lange Zeit deutscheste aller Denkmäler aus der Zeit des Kalten Krieges – es wäre zum Stachel im Fleisch der Nachkriegsgesellschaft geworden.

Weil Politiker und Berater immer bezweifelt hatten, dass sich Eisenmans Denkmal selbst erkläre, haben sie auf einen »Ort der Information« bestanden – für Eisenman ist dieser bewegende und viele erschütternde Raum unterhalb des Geländes nur eine nebensächliche »Ergänzung«, um die er »gebeten« wurde, die aber nichts, rein gar nichts mit der Erfahrung zu tun habe, die sein Denkmal durch seine Ästhetik vermitteln solle. Vielleicht hat er bei seinem Besuch im Ort der Information gespürt, wie die Gestalterin die Struktur seines Denkmals in der Andeutung der Stelen aufgenommen hat, wohl in der Hoffnung, ein beliebiges Denkmal in einen Zusammenhang mit Ereignissen, Orten und Menschen zu stellen, die den Kern der nationalsozialistischen »Endlösung der Judenfrage« trifft und im »Holocaust«-Begriff beinahe schon verfremdet wurde.

Nach diesem Interview kann man als Leser endgültig den Eindruck gewinnen, Eisenman habe uns Jahre hinter das Licht geführt. In den Kommentaren zum Denkmal wurden immer wieder Erfahrungen der Enge, der Betroffenheit, der Isolation beschworen. Eisenman beansprucht in seinem Interview zwar, nicht in »bestimmter Weise über den Holocaust« reflektieren zu wollen. Entschieden betont er jedoch, niemals eine Deutung des Holocaust angestrebt zu haben. Aber haben wir nicht gedacht, mit dem Denkmal entstünde ein sichtbares Zeichen der Auseinandersetzung der Deutschen mit der industriemäßig betriebenen Ausrottung eines ganzen Volkes? Eisenman scheint der Wille zur Beliebigkeit anzutreiben, also jenes »anything goes«, das ihm seine Kritiker in der Konzeptphase wiederholt unterstellt haben.

Man muss das Interview wirklich zweimal lesen, so unglaublich sind seine Thesen! Auf die Frage der »Jungen Freiheit«, ob es nicht der Zweck des Holocaustmahnmals sei, an den Holocaust zu erinnern, antwortet Eisenman mit einem klaren »Nein«. Denn er nehme nicht an, dass »die Leute, die darin herumlaufen und alles für ihr Reisealbum fotografieren«, dabei »unbedingt« an den Holocaust dächten. Ihm sei es um eine Art »Echo« gegangen. Wirft das aber nicht die Frage auf, wer den Widerhall erzeugt? Müssen wir nicht fragen, warum jemand in den Wald hineinruft, vor allem aber: was er ruft? Eisenman weiß nicht zu sagen, welche Assoziation er mit dem provozierten Echo anstrebt. Eine »Lagererfahrung« vielleicht? Seine entschiedene Antwort lautet: »Nein«. Ihm geht es um einen »ungewöhnlichen« Ort, um Gegenwart statt um Vergangenheit, um »Normalisierung« eben. Mit diesem Wort nimmt er das Schlüsselwort des politischen und historischen Revisionismus auf, das den Historikerstreit ebenso wie die Finkelstein-Debatte bestimmte, das Armin

Mohler motivierte, von einem »Nasenring« zu sprechen, an dem die Deutschen angeblich herumgeführt würden, und das die Debatten um das Konzept des Zentrums der Vertreibung prägen sollte.

Hier setzt die »Junge Freiheit« an. Die vielfach geforderte »Normalisierung« wird von dem Interviewer Michael Schwartz als Gegensatz zu der von Martin Walser in seiner Paulskirchen-Rede unterstellten »Dauerpräsentation unserer Schande« präsentiert. Eisenman versteht dieses Anliegen der jungen Rechten offensichtlich nicht nur, er teilt es und will es durch sein Denkmal fördern. Er beansprucht sogar, »den Deutschen helfen (zu wollen), sich mit ihrer Geschichte, ihrer Identität und ihrer Erinnerung zu versöhnen.« Vorschreiben wolle er nichts. Aber suggestive Fragen stellt er gerne, etwa die: »Warum sollten die Deutschen sich von Geburt an schuldig fühlen?«

In der Tat sind Gedanken frei. Deshalb ist Eisenman frei, jeden Unsinn zu artikulieren, etwa vom amerikanischen Antisemitismus zu reden oder Roosevelts Antisemitismus zu beschreiben. Das kennen wir aus den Arsenalen und Argumenten der Relativierer. Diese Behauptungen stehen niemals für sich, sondern sind – der Künstler muss es wissen – von den Kontexten abhängig, in die sie gerückt werden. Wenn Eisenman betont, auch in den USA habe man sich für die Begrenzung der Zahl jüdischer Studenten an den Universitäten ausgesprochen, so kann dies doch noch lange nicht die 1933 von der Hitler-Regierung verfügte Beschränkung der Zulassung deutscher Juden zum Studium und die Arisierung der Wissenschaft rechtfertigen. Und wenn Churchill »kein Philosemit« war, wie Eisenman betont, dann suggeriert er zugleich die Relativierung der nationalsozialistischen Rassenpolitik: Auch Roosevelt, auch Churchill waren also Überzeugungen nicht fremd, die wir seitdem den Nationalsozialisten zuschreiben. So festigt sich das Geschichtsbild der Relativierer deutscher Zeitgeschichte.

Natürlich erwähnt Eisenman in diesem Zusammenhang auch, dass die Alliierten Auschwitz nicht bombardiert hätten; stattdessen hätten sie sich für Coventry »rächen« wollen. Auch dieses Argument ist Balsam für Relativierer, die nicht mehr nach vergangener Realität fragen, sondern Meinungen äußern. Für Eisenman ist die Geschichte schwer verständlich und »komplex«, deshalb sei er offen für vielfältige Deutungen der Vergangenheit. Gilt das aber auch für abwegige Unterstellungen, für irrige Meinungen, die nur auf eines zielen: auf Stimmungen? Wie das Bundesverfassungsgericht in mehreren Entscheidungen betont hat, ist die Meinungsfreiheit ein hohes Gut. Ist deshalb die Meinung derjenigen geschützt, die verantwortungslos historischen Unsinn verbreiten?

Eisenman, der Schöpfer eines der größten Denk- und Mahnmale der Deutschen, die ihre Verfassungsordnung nach der Befreiung von der NS-Herrschaft als Reaktion auf einen Zivilisationsbruch akzeptiert haben, ist der »Jungen Freiheit« auf den Leim gegangen, nicht nur als ein »nützlicher Idiot«, sondern als Relativierer historisch-politisch begründeter Moralität. Er ist seinem eigenen Anspruch untreu geworden und düpiert all diejenigen, die in der Erinnerung an die »Machtübernahme« und all ihre fürchterlichen Folgen eine unverzichtbare Grundlage demokratischer Gesinnung sehen. Eisenman hat sich als ein Künstler geoutet, der sein Denkmal für den Ausdruck einer Beliebigkeit hält. Ich halte das für verantwortungslos!

Gedenktage, Denkmäler, geschichtspolitische Diskussionen sollten die Sinne schärfen, nicht abstumpfen. Sie sollen eine Herausforderung, ein »Stachel im Fleisch der Nachlebenden« sein, aber nicht zur »Kranzabwurfstelle« (E. Klausa) oder zur historisch-politischen Besinnungsstunde, zum Ausdruck einer »Zivilreligion« werden. Denn immer geht es um Menschen, um ihren Umgang, um Grenzen und Ziele des Staates, um den Grund von Politik. Denn dies ist die Erbschaft, die Hypothek deutscher Vergangenheit: Die deutsche

Geschichte macht deutlich, wie wenig dazu gehört, aus Mitmenschen Gegenmenschen werden zu lassen, die verachtet und geächtet, deportiert und vernichtet werden, obwohl klar ist: Jeder Mensch spiegelt das Antlitz seines Schöpfer, egal, wie er diesen nennt.

Der evangelische Theologe Richard Schröder mahnte, wie bereits angedeutet, vor Jahren im Berliner Denkmalsstreit zur Bescheidenheit. Wie es denn wäre mit einem kleiner dimensionierten Denkmal, das in der Sprache vieler mahne: »Nicht morden!« Auf dem zu lesen war: »Nicht töten! – Du sollst nicht töten!« – In der Tat berührte dieser Satz den Kern des Problems. Wer aus Mitmenschen Gegenmenschen macht, wer ihnen Familie und Heimat, Haus und Sicherheit nimmt, sie als Opfer präpariert, der vergeht sich gegen ein Gebot, das jeder kennt, das eigentlich alle Menschen verbindet. Schröder rückte im Alleingang die Maßstäbe zurecht. Es ging nicht um Masse, um fast dreitausend Stelen, um hunderttausend Bücher und Flächen von der Größe ganzer Fußballplätze neben dem Brandenburger Tor, sondern es ging um die Konfrontation des Zeitgenossen mit einem Verbrechen, das sich gegen den Menschen, gegen die Menschheit und gegen die göttliche Ordnung richtete.

Kritiker schienen zunächst gelähmt. Dieser Vorschlag war zu kühn. Hilflos meinten sie, Schröder, der Theologe, der Bürgerrechtler, der sozialdemokratische Fraktionsvorsitzende in der einzigen frei gewählten Volkskammer der DDR, die den Beitritt zum Grundgesetz verkündet hatte, würde die Toten nun die Nachlebenden mahnen lassen. Einige behaupteten sogar, sein Vorschlag sei missverständlich, so als wenn die Lebenden die Ermordeten mahnten. Hier wurde deutlich, wie verfahren die Situation war. Denkmalsdiskussionen waren endgültig auf dem Niveau von Talkshows angekommen. Keine Party in Berlin ohne die Frage: »Wie halten Sie es mit dem Denkmal?« Unerträglich war es für manche, sich vorzustellen, dass die Debatte über dieses Denkmal zum Gesellschaftstratsch verkam. Sie hatten sich eine Ahnung von der Realität des Mordens bewahrt, sahen Menschen, Gesichter und wussten, wie unwiderruflich anders die Ermordung der Juden den Kontinent Europa gemacht hatte.

Der Denkmalsstreit als Gesellschaftsspiel – dies war vielleicht nur eine Fortsetzung der flüchtigen Debatten, die man aus den sechziger und siebziger Jahren kannte. Man sprach über die deutsche Vergangenheit wie über die Geschichte eines fremden Erdteils. Wie all die Jahre vorher bot die Beliebigkeit von Meinung und Gegenmeinung eine gute Möglichkeit, der Vergangenheit auszuweichen. Was Hannah Arendt als ein Kennzeichen der Deutschen bei ihrem Umgang mit der Vergangenheit erkannt hatte – die Auflösung der Realität in eine fast beliebige Meinung – sie prägte Debatten und Leitartikel – bis heute.

Dabei hat sich in den vergangenen zehn Jahren unsere Wirklichkeit enorm gewandelt. Völkermord ist nicht nur ein historisches Phänomen, es berührte die Gegenwart und ereignete sich immer wieder vor unseren Augen – ob in Zentralafrika oder auf dem Balkan. Welche Chance wurde verspielt, als Denkmalsfragen und ästhetische Probleme erörtert wurden! Wir schauten auf die Brachfläche neben dem Brandenburger Tor, um nicht an anderer Stelle so genau hinschauen zu müssen. Dalmatien, Bosnien, Kosovo – weit weg, ganz anders, halbe Wilde? Nein, es war unsere Zivilisation, unser Europa, und weil wir uns so wenig aufregten, verloren wir auch die Chance, Grundsätze zu erkennen, die unser Verhalten erklären.

Man erhebe jetzt nicht den Vorwurf, hier werde relativiert. Es geht nicht um die Organisation und Dimension von Verbrechen. Sondern es geht um die Zuschauer, um uns. Haben wir das Recht, uns in tiefer Betroffenheit zu einer nationalen Gedenkstunde zu versammeln, um uns einzureden, wir seien moralisch gut, weil wir uns erinnern und dem Gedenken hingeben?

Wenn Gedenken herausfordern soll, dann auch deshalb, weil es uns zum Vergleich einlädt, zum Vergleich von Maßstäben, weniger zur Parallelisierung und Analogiebildung von Ereigniskonstruktionen.

Vergleichen lassen sich nicht nur Taten, sondern auch Verhaltensweisen. Hier setzt Richard Schröder an. Er hat zugleich gezeigt, was Courage ist. Denn er hat seinen Vorschlag als ein Bürger gemacht, der sich das Recht zum Reden nimmt. »Du sollst nicht töten!« – Wie sähe unsere Welt aus, wenn dieses Gebot immer beherzigt worden wäre? Diese Frage, dieser Appell, diese Hoffnung ist der Anspruch des Begriffs »Auschwitz« für alle, die sich das Gefühl für die Gefährdung des Menschen durch Mitmenschen bewahren wollen.

Über den Autor

Peter Steinbach
geb. 1948, Dr. phil., Historiker und Politikwissenschaftler, bis 2013 Professor für Neuere und Neueste Geschichte an der Universität Mannheim, weiterhin wissenschaftlicher Leiter der Gedenkstätte Deutscher Widerstand in Berlin.